지은이
나탈리 샤인

나탈리 샤인(Nathalie Chahine)은 〈Express Styles〉의 여행 섹션 기자다. 일상의 지식과 실용 정보를 명료하게 풀어내는 글쓰기로 알려져 있으며, 특히 한 가지 주제를 깊이 탐구해 백과사전식으로 정리하는 저술 활동을 이어왔다. 이번에 번역 출간된 대표작 《Langage des fleurs》를 비롯해 꽃과 나무 등 자연을 다룬 책과 《Vaincre la fatigue》 등 건강과 웰빙 전반에 관한 저서를 집필했다.

꽃의
말

LANGAGE DES FLEURS

by Nathalie Chahine © Hachette-Livre(Hachette Pratique), 2023
Korean Translation Copyright © b.read, 2025
Korean editon is published by arrangement with Hachette Pratique,
Vanves through AMO Agency, Seoul.
All rights reserved.
No part of this book may be used or reproduced in any manner whatever without
written permission except in the case of brief quotations embodied
in critical articles or reviews

이 책의 한국어판 저작권은 AMO에이전시를 통해 저작권자와
독점 계약한 출판사 브.레드에 있습니다.
저작권법에 의해 한국 내에서 보호를 받는 저작물이므로
무단 전재와 무단 복제를 금합니다.

아Clytia¹⁰를 떠올리게 한다. 클리티아는 사랑하는 이에게 버림받은 후 영원히 해를 좇는 꽃으로 다시 태어난다.

기독교 전설에서도 꽃에 관한 흥미로운 이야기들을 찾아볼 수 있다. 하지만 기독교인은 꽃의 탄생에 얽힌 이야기보다는 그 아름다움이나 색채의 상징성을 어떻게 해석하느냐에 관심을 보였다. 장미꽃은 특히 풍부한 은유를 담고 있다. 어떤 성직자들은 아담과 하와가 에덴동산에서 쫓겨난 후에야 장미 줄기에서 가시가 돋았다고 믿었다. 인간이 그들의 원죄를 떠올리도록 하는 역할이었다. 기독교에서 가장 아름답게 여기는 꽃은 주로 새하얀 색인데, 대개 성모 마리아와 연관된다. 성모 마리아의 달¹¹인 5월에 피는 재스민이 이 중 하나이며 '원죄 없는 잉태'¹²를 형상화했다 할 백합도 있다. 이보다 널리 알려지지는 않았으나 오래도록 구전되어 온 게르만 신화와 켈트 신화에도 마법 혹은 주술과 관련된 꽃 이야기가 있다. 이 꽃들은 주로 드루이드교¹³와 민간신앙을 중심으로 전승된 역사에서 중요한 역할을 했다. 이들 신화에서는 용기를 북돋는다고 전해진 초롱꽃과 더불어 벨라도나, 디기탈리스, 헴록처럼 위험한 식물들도 찾아볼 수 있다.

---

10 그리스 신화에 등장하는 물의 님프로 태양신 헬리오스의 사랑을 받았다. 하지만 그에게 버림받자 벌거벗은 채 바위에 앉아 아무것도 먹고 마시지 않으며 헬리오스만 바라보다 아흐레 만에 꽃으로 변했다고 한다. 이 꽃이 해바라기라고 전해지기도 하는데, 해바라기는 16세기에 크리스토퍼 콜럼버스가 유럽에 소개했으므로 그리스 로마 신화에는 등장할 수 없다는 의견도 있다.
11 가톨릭에서 성모 마리아를 특별히 공경하는 달. 성모 성월(聖母聖月)이라고도 한다.
12 성모 마리아는 잉태하는 순간부터 하느님의 은혜를 입었으며 예수 그리스도의 공로 덕분에 원죄라는 흠 없이 존재한다는 교리. '무염 시태(無染始胎)'라고도 한다.
13 고대 로마 시대에 갈리아 및 브리튼 제도에서 드루이드라는 사제들이 창시한 켈트족의 한 종교. 영혼 불멸과 윤회, 전생을 믿고 주술과 점술을 행하기도 한다.

신화에서 처음으로 피어난 꽃들

꽃이 피어나는 이야기를 처음 글로 쓴 사람은 1세기 로마의 시인 오비디우스Publius Naso Ovidius[5]로 그는 생애 마지막 순간까지 그리스 로마 신화를 기술하는 데 헌신했다. 긴 시행들로 구성된 《변신 이야기Metamorphōseōn librī》[6]에는 꽃을 비롯해 우리가 잘 아는 식물들의 기원이 서술되어 있다. 오비디우스가 묘사한 신들의 세상에서 사랑은 늘 비극으로 끝난다. 사랑받던 님프Nymph[7]들은 어느 날 변덕스러운 신에게 버림받는다. 그리고 그들의 피와 눈물이 방울져 떨어진 자리에서 꽃 한 송이가 피어난다. 이렇게 탄생한 꽃은 사랑받던 이의 이름으로 불린다. 이런 이야기를 읽었다면 히아신스 꽃을 보고 감탄할 때 아름다운 청년 히아킨토스Hyacinthos[8]의 불행이 떠오를 수밖에 없다. 히아킨토스는 단지 아름답다는 이유로, 사랑받는다는 이유로 경쟁자들에게 질투의 대상이 되고 죽음에 이를 때까지 피를 흘려야 했다. 한편 화단 가득 핀 헬리오트로프는 태양신 헬리오스Helios[9]를 사랑한 님프, 클리티

---

[5] BC 43~AD 17, 고대 로마의 시인. 사랑의 즐거움을 노래한 연애시로 유명하며 작품으로 《사랑의 기술》, 《애가》 등이 있다.
[6] 천지 창조에서부터 로마 건국 신화, 그리스 로마 신화 등 신과 인간이 엮어 나가는 역사를 기록한 대서사시로, 서양 중세 문화를 형성하는 주요 작품으로 평가받는다.
[7] 그리스 신화에 등장하는 젊고 아름다운 요정. 물, 꽃, 나무 등 자연에 깃들며 물의 요정은 오케아니데스, 수목의 요정은 드리아데스 등 그 자연물에 따라 달리 불린다.
[8] 그리스 신화에 등장하는 미소년. 아폴론의 총애를 받았으나 서풍의 신 제피로스의 질투를 사 원반 던지기 도중 바닥에 튕겨 올라온 원반에 머리를 맞아 죽고 만다. 이때 흘린 히아킨토스의 피에서 피어난 꽃이 히아신스다.
[9] 그리스 신화에 등장하는 태양신. 매일 아침 불꽃에 휩싸인 마차를 타고 동쪽 궁전을 나와 하늘로 올라갔다가 저녁이 되면 서쪽 궁전으로 들어간 후 황금 배를 타고 다시 동쪽으로 돌아간다고 한다.

1., Primula elatior, *Common Oxlip*;
2., Echium vulgare, *Viper's Bugloss*;
3., Primula farinosa, *Bird's-eye Primrose*;
4. A. B., Ccyclamen europaeum, *Ivy-leaved Cyclamen*;
5., Primula auricula, *Mountain Cowslip*

들어가며

꽃이 쓰는 대서사시

"모든 향기는 요정이다." 조리 카를 위스망스Joris-Karl Huysmans [1]는 소설 《거꾸로À rebours》[2]에서 이렇게 말했다. 매혹적인 향기가 일으키는 마법은 꽃의 전유물이다. 투베로즈에서 백합, 제일 먼저 개화하는 크로커스부터 뒤늦게 피어나는 달리아에 이르기까지[3] 태초부터 인간이 꽃의 우아함에 매료되고 자연의 경이로움을 보며 꿈꾸어 온 데는 그만한 이유가 있다. 피어나는 꽃잎이 흩뿌리는 색채는 풍경에 생기를 불어넣고 계절의 변화에 정취와 아름다움을 더한다. 꽃들은 화학이라는 인간이 발달시킨 지식이 끊임없이 복제하려 시도해 온 독특한 향기를 퍼뜨린다. 그러니 무수히 많은 전설에 꽃이 등장한다는 사실 또한 전혀 놀랍지 않다. 18세기 스웨덴의 식물학자 칼 폰 린네Carl von Linné[4]가 모종삽으로 처음 흙을 뜬 순간부터 꽃들은 인간의 문학과 신화에 영감을 주었다.

---

[1] 1848~1907, 프랑스의 소설가이자 미술 평론가. 초기에는 에밀 졸라가 주창한 자연주의의 영향을 받아 소시민의 삶을 그렸으나 이후 퇴폐적이고 유미적인 작품을 발표했다. 작품으로 《저 아래》, 《대성당》 등이 있다.

[2] 한 귀족 가문의 후손이 세상에 염증을 느껴 손수 꾸민 자신만의 낙원에서 살아가는 이야기로 문학, 미술, 음악 등 다양한 문화 분야뿐만 아니라 시각, 후각, 청각 등 인간의 감각에 대한 깊이 있는 사유도 엿볼 수 있다.

[3] 3월 중순에 꽃을 피우는 진달래를 보고 흔히 봄이 왔다고 여기지만, 크로커스는 그보다 이른 2월에 개화한다. 달리아는 7월부터 늦게는 10월까지도 꽃을 피운다.

[4] 1707~1778, 박물학자이자 식물학자. 저서 《자연의 분류》에서 생물 학명을 속명과 종명으로 나타내는 이명법을 창안해 현대 생물 분류학의 기초를 확립했으며 처음으로 대학에서 독립된 동물학과 식물학을 강의했다. 저서로 《식물의 종》, 《식물의 강》 등이 있다.

일러두기

1. 식물의 우리말 이름은 국립국어원 표준국어대사전과 국립수목원 국가생물종지식정보 식물도감을 기준으로 국내에서 널리 사용되는 것으로 표기했다.
2. 식물의 학명은 이탤릭체로 표기했다.
3. 페이지 하단의 각주는 옮긴이와 편집자가 원문의 이해를 돕기 위해 부연한 내용이다.
4. 책 제목은 겹화살괄호 《 》로, 영화 제목과 시, 논문, 그림, 공연 제목 등은 홑화살괄호 〈 〉로 구분했다.
5. 외국 인명과 지명 등의 표기는 국립국어원에서 정한 외래어 표기법을 기준으로 삼았다.
6. 원서는 프랑스판이며 고대 그리스나 로마 인명과 지명은 그리스어와 라틴어를 병기했는데, 국내 출간 번역서는 가독성을 높이고 이해를 돕기 위해 영어를 병기했다.

꽃의 말

LANGAGE
DES
FLEURS

나탈리 샤인 지음
박경리 옮김

b.read

중국 미학에서 사랑의 언어에 이르기까지

어떤 꽃들에는 동양 혹은 아시아 국경 지역에 거주하는 사람들의 역사가 담겨 있다. 히말라야산맥 산자락에서 덤불을 이루어 마치 불타오르듯 자라는 관목인 진달랫과 꽃들을 보자. 이름조차 알 수 없는 미지의 품종을 영국 영주의 정원으로 가져가려고 목숨 걸었던 탐험가들의 위대한 이야기가 들려올 것이다. 인도에서부터 일본까지 숭배의 대상이 되는 꽃들도 있다. 이 중 가장 아름다운 것은 연꽃이다. 진흙탕에서도 맑고 깨끗한 꽃을 피워 내는 연은 불교에서는 청정한 영혼과 참회의 상징이다. 우리는 옛 중국 그림에 담긴 꽃에서 흘러가는 계절을 본다. 봄에는 작약, 여름에는 연꽃이 등장하는 식인데, 이 꽃들을 통해 한편으로는 매우 정교한 메시지들을 읽을 수 있다. 그림 한 폭은 마치 하나의 세상과 같아서 그 속에 묘사된 한 송이 꽃은 동물이나 또 다른 자연 요소와 연결되어 하나의 선율을 이룬다. 이렇듯 중국인들은 부富, 장수, 평안, 미덕 그리고 자연스러운 죽음이라는 중국 문화의 상징에 기초한 생각과 표현을 꽃을 그리며 작곡해 낸다. 일본에서 꽃을 다루는 예술은 암호화된 언어와 같다. 일본 전통 꽃꽂이를 뜻하는 '이케바나生け花'[14]는 봉건 시대 무사인 사무라이가 중시한 무예 수련의 기원이기도 하다. 균형 혹은 무질서, 화합 혹은 위협, 절제, 시간의 흐름 같은 메시지를 전하기 위해 그들은 계절마다 피는 꽃과 들판에서 자라는

---

14 6세기경 중국에서 전파되었으며 초기에는 감상보다 망자에게 바치기 위한 목적 등 종교적 의미가 컸다. 일본 민속신앙에서는 수목에 신령이 깃든다고 믿어 그 나뭇가지를 신으로 모시기도 했다. 이후 귀족층을 중심으로 심미적 꽃꽂이가 유행하다가 에도 시대에 들어 사무라이나 부유한 상인을 비롯해 광범위한 사람들에게 널리 알려졌다. 현대에 이르러서도 이케바나에는 다양한 유파와 목적, 방식이 존재한다.

나무의 꽃가지 등을 가져와 화병에 꽂았다. 사람들이 감정을 잘 드러내지 않는 나라에서 꽃들은 이렇듯 다양한 마음을 표현하는 각별한 수단이 되어 준다.

언제나 꽃과 함께하는 낭만주의는 전형적인 서양의 창조물이다. 꽃의 전설은 튤립[15]을 허리춤이나 터번에 꽂아 신중하고 비밀스럽게 감정을 표현했던 오스만 제국[16]에서 태동해 '플로리오그래피 Floriography'[17]라고 불리며 영국 빅토리아 시대에 번성했다가 20세기에 프랑스와 미국에도 전해졌다. 사람들은 일명 '마음을 전하는 꽃다발'을 직접 만들곤 했는데, 이는 시 한 편을 쓰는 것만큼이나 까다로운 일이었다. 그들은 이미 사전처럼 분류된 꽃말의 도움을 받아 복잡한 사랑의 감정을 온전히 전달하고자 했다. 이 언어는 시간이 흐르면서 단순화되었지만, 오늘날 꽃은 가장 섬세한 감정과 그 불꽃을 표현하기 위한 특별한 수단으로 여전히 남아 있다.

---

15 튀르키예가 원산지인 튤립은 이 나라의 국화이기도 하다. 생활 도자기에서 튤립 그림을 많이 볼 수 있으며, 18세기 튀르키예 문화 전성기를 튤립 시대라고 부른다. 튀르키예에서 튤립은 생활, 문화, 경제 면에서 여러모로 중요하게 여겨진다.
16 1299년에 오스만 1세가 셀주크 제국을 무너뜨리고 소아시아에 건설한 이슬람 제국. 1차 세계 대전 후인 1922년에 국민 혁명으로 멸망했다. 오스만 튀르크, 오스만 제국, 터키 제국이라고도 한다.
17 '꽃의 말', 즉 꽃말이라는 뜻이다. 수천 년 동안 의미가 부여되어 온 꽃을 한데 섞거나 배열하는 등 여러 방식으로 활용해 암호처럼 의사를 소통하는 수단을 이른다. 19세기 영국 빅토리아 시대 사회에서 크게 소리 내 말할 수 없는 사랑을 전할 때, 꽃다발을 선물하거나 옷에 꽃 한 송이를 매다는 등의 방식으로 은밀하게 표현했다.

차례

06 들어가며
　　꽃이 쓰는 대서사시

18 갈란투스
20 개양귀비
22 고광나무
24 국화
26 글라디올러스
28 금잔화
30 꽃무
32 난초
34 달리아
38 데이지
42 동백
44 들장미
46 등나무
48 디기탈리스
50 라일락
54 레몬나무
58 로도덴드론
60 마시멜로
62 메꽃
64 미나리아재비
66 미모사
68 백일홍
70 백합
72 베고니아
74 베로니카
76 벨라도나
78 보리지
80 복사나무
82 분꽃
84 붓꽃
86 사프란
88 산사나무
90 수국
92 수레국화
94 수련
96 수선화
98 시클라멘

100 아네모네
102 아룸
106 아마
108 아이비
110 아카시아
112 애스터
114 앵초
116 양귀비
118 엉겅퀴
122 에델바이스
124 에리카
126 연꽃
128 오렌지나무
132 오이풀
134 월계수
136 은방울꽃
138 인동덩굴
140 작약
142 장미
144 재스민
146 접시꽃

148 제라늄
150 제비꽃
152 쥐오줌풀
154 초롱꽃
156 카네이션
160 크로커스
162 큰잎빈카
164 클레마티스
166 타임
168 투베로즈
170 튤립
172 팬지
174 포인세티아
176 한련화
178 해바라기
180 헬리오트로프
182 헴록
184 호랑가시나무
186 히아신스

190 이미지 판권

희망,
호의

갈란투스

SNOWDROP

땅 위에 살짝 덮인 눈을 비집고 조그맣고 새하얀 *갈란투스 니발리스*Galanthus nivalis 싹이 피어난 모습만큼 감동적인 장면도 드물다. 갈란투스는 라틴어로 '우유 꽃'이라는 뜻인데 작고 하얀 꽃잎 덕분에 붙은 이름이다. 꽃이 방울처럼 생겼다고 해서 영국인들은 '스노드롭snowdrop', 즉 '눈 방울'이라고 부르는데, 철 이르게 개화하는 다른 구근식물들보다도 이른 2월에 꽃을 피운다.[1] 그리스 신화를 다룬 호메로스Homeros[2]의 《오디세이Odyssey》[3]에 따르면 헤르메스Hermes[4]가 오디세우스에게 갈란투스 한 송이를 주었고, 이 덕분에 영웅 오디세우스는 마녀 키르케Circe[5]가 준 망각의 독을 이겨 내고 여행의 목적을 떠올려 다시 길을 떠날 수 있었다. 《창세기創世記》[6]에 따르면 갈란투스는 아담과 하와가 에덴동산에서 쫓겨날 때 그들 앞에 모습을 나타냈다. 하와는 생애 처음으로 고통스러운 추위와 맞닥뜨리고 그 겨울이 절대 끝나지 않을 것이라 여겨 절망한다. 그때 한 천사가 나타나 하와를 위로하며 주변에 내린 눈송이를 다가올 봄과 희망을 상징하는 갈란투스로 변하게 한다. 독일에서 전해지는 또 다른 전설에서는 한 신이 눈을 창조하면서 꽃들에게 그들의 색을 조금씩 나눠 달라고 부탁한다. 하지만 갈란투스를 제외한 모든 꽃이 그 부탁을 거절했고, 신은 갈란투스에 감사 표시로 가장 먼저 꽃을 피울 수 있는 특권을 주었다.

---

1 한국에서는 눈물꽃, 설강화, 설화연 등으로 불린다.
2 BC c 800~BC c 700, 고대 그리스 시인. 유럽 문학의 최고(最古) 서사시로 알려진 《일리아드》와 《오디세이》의 저자다.
3 호메로스가 기원전 8세기 무렵 지은 고대 그리스의 장편 서사시. 트로이 원정에 성공한 영웅 오디세우스의 모험기로 전체 24권으로 이루어졌다.
4 그리스 신화에 나오는 신들의 사자(使者)이자 목부(牧夫). 나그네, 상인, 도둑의 수호신으로 날개 달린 모자와 신발을 신고 뱀을 감은 단장을 짚은 모습으로 등장한다.
5 그리스 신화에 나오는 마녀. 헬리오스의 딸로 인간에게 마법 술을 먹이고, 요술 지팡이로 때려 돼지로 만들었다고 한다.
6 기독교 모세 오경 가운데 첫 번째 책. 쉰 장으로 구성되어 있다.

수면, 위안,
다산

개양귀비

FLANDERS POPPY

고대 이집트인은 죽은 이들이 영원히 평화로운 안식에 들길 염원하며 무덤 속에 개양귀비 꽃잎을 흩뿌렸다. 양귀비의 친척인 이 아름다운 붉은 꽃은 그리스 신화에 등장하는 잠의 신, 모르페우스Morpheus[1]의 상징이다. 데메테르Demeter[2]는 딸 페르세포네Persephone[3] 걱정을 내려놓지 못하고, 이 모습을 보다 못한 모르페우스가 데메테르에게 개양귀비 다발을 건넨다. 데메테르는 그 향을 깊이 들이마신 후 잠이 든다. 사실 이 식물에는 진정 성분이 있는 것으로 밝혀졌으며, 오늘날 개양귀비를 선물한다는 것은 걱정과 불안으로 고통받는 이들에게 위안을 준다는 의미다. 잠과 함께 슬픔까지 누그러뜨린다고 여겨지는 개양귀비에는 널리 알려진 또 다른 특성도 있다. 씨앗 수가 많아 어떠한 토양이든 가리지 않고, 갓 갈아엎은 곳에서도 쉽게 뿌리내리며 심지어 길가에서도 잘 자라 생의 상징이기도 하다. 1차 세계 대전 중 전장에 흐드러지게 핀 양귀비를 보며 목숨을 잃고 영원한 잠에 빠진 병사들을 떠올린 많은 시인들이 애잔한 시를 남기기도 했다.[4]

1   오비디우스의 《변신 이야기》에 등장하는 잠과 꿈의 신. 1804년에 처음으로 추출에 성공한 아편 제제에 모르페우스의 이름을 따서 모르핀(morphine)이라는 이름을 붙였다.
2   그리스 신화 속 대지의 여신. 크로노스의 딸로 곡물의 생장과 농업 기술을 관장한다.
3   생성과 번식의 여신. 제우스와 데메테르의 딸로 명부의 왕 하데스가 유괴하여 아내로 삼았다. 이후 페르세포네는 반년마다 지상과 명부를 드나든다.
4   "플랑드르 들판에 양귀비꽃 피었네/ 줄줄이 서 있는 십자가들 사이에"라는 시구가 유명한데, 캐나다군 중령으로 복무하던 군의관 존 맥크래(John McCrae)가 전우를 잃고 쓴 〈플랑드르 들판에서(In Flanders Fields)〉라는 시에 나온다. 1차 세계 대전 종전 기념일인 11월 11일이면 캐나다에서는 묵념 후 이 시를 낭독하곤 하며, 영국 사람들은 가슴에 빨간 양귀비꽃을 달고 전사자들을 기린다.

기억,
영원한 사랑

고광나무

SYRINGA

풍성하게 피우는 꽃만큼이나 향기도 강력한 고광나무 꽃을 프랑스에서는 '시인의 재스민jasmin des poètes'이라고 부르며, 영어권 국가에서는 '가짜 오렌지나무faux oranger'라고 한다. 이 향기로운 덤불은 오스만 제국 술탄들의 정원에서 유럽으로 소개되었다. 처음에는 로마 교황을 위한 선물로 재배했으나 이후 서서히 유럽 전역으로 퍼져 나갔고 곧이어 북미까지 건너갔다. 학명 *필라델푸스Philadelphus*는 기원전 3세기 이집트를 지배했던 프톨레마이오스 2세 필라델포스Ptolemaios Philadelphos[1]의 이름을 딴 것이다. 이집트 통치자의 이름에서 유래했으나 정작 고광나무 꽃이 등장하는 전설이나 민간 설화는 전혀 없다. 다만 그리스어 '필라델포스 philadelphos'는 '형제를 사랑하는'이라는 뜻이다. 사랑스러운 고광나무 꽃은 재배하기 쉬워 일드프랑스[2] 정원에서만큼이나 캘리포니아 해안에서도 잘 자란다. 프랑시스 잠Francis Jammes[3]은 "고광나무 꽃 향기는 무더운 공기에서 고조된다"라고 했고, 귀스타브 플로베르Gustave Flaubert[4]는 《보바리 부인》[5]에서 "옛 시절의 부드러움이 고광나무 꽃 향기만큼이나 부드럽게 흐르는 강처럼 조용하고 풍부하게 그들의 심장으로 되돌아왔다"라고 쓰는 등 프랑스 작가들은 수수하지만 매혹적인 이 꽃을 찬미했다.

---

1 BC 308~BC 246, 프톨레마이오스 1세의 아들이자 이집트의 왕으로 왕국 경제 기구를 정비하고 도서관과 연구소를 지어 학자를 초청하는 등 헬레니즘 문화 발전에 이바지했다. 기원전 285년부터 246년까지 재위했다.
2 프랑스 중북부 지역, 파리가 포함된 수도권이자 프랑스의 중심 지역이다.
3 1868~1938, 프랑스의 시인. 상징주의 말기의 퇴폐성에 반발해 자연 풍물을 종교적 감정에 찬 애정으로 순박하게 노래했다.
4 1821~1880, 프랑스의 소설가. 개인감정이나 주관을 뛰어넘은 객관적인 창작 태도를 강조하며 자연주의 문학의 기반을 마련했다.
5 플로베르의 대표적인 통속 소설. 보수적인 집안에서 자란 주인공 엠마가 권태로운 결혼 생활 중 불륜에 빠지고 파산에 이르러 결국 독약을 마시는 길을 택한다. 과대망상에 빠지다 못해 현실과 혼동하는 상태를 뜻하는 '보바리슴(Bovarysme)'이라는 단어가 이 작품에서 유래했다.

충직, 장수,
죽음

국화

CHRYSANTHEMUM

국화가 중국에서 처음 등장했으며 무려 3,000년 전부터 존재해 왔다는 사실은 여러 문서를 통해 알 수 있다. 양쯔강揚子江[1] 유역에는 하얀 국화로 실명을 치료했다는 전설이 전해진다. 먼 옛날 아뉴阿牛라는 가난한 농부가 살았다. 그의 어머니가 시력을 잃자 국화의 요정이 나타나더니, 다음 가을 중양절重陽節[2], 하늘에 새하얀 꽃 모양 구름이 보이면 어머니의 병이 나을 것이라 예언한다. 다음 해 중양절이 돌아오고 집 정원에 핀 국화를 발견한 아뉴는 꽃을 달여 어머니에게 드린다. 이것을 마시자 어머니의 병이 깨끗하게 나았다. 8세기경 일본인들을 사로잡은 국화는 이후 줄곧 천황의 권력을 상징했으며 충절과 장수를 나타내기도 한다. 유럽에서는 죽음과 함께하는 꽃이지만 그 유래는 찾을 수 없다. 그저 11월 1일 축일이면 묘지에 놓이곤 해 국화가 가을의 꽃임은 분명히 알 수 있다.[3]

---

[1] 중국 중심부를 흐르는 강으로 티베트고원 동북부에서 시작해 윈난, 쓰촨, 장쑤 등을 거쳐 동중국해로 흘러든다. 예로부터 교통, 산업, 문화의 중심지였다.

[2] 세시 명절의 하나로 음력 9월 9일이다. 중국에서 유래했으나 우리나라에서도 삼국시대 신라 이래 연례행사를 행했다. 중양절이면 사람들은 시를 짓거나 각 가정에서 장수를 기원하며 국화주나 국화전을 만들어 먹었다.

[3] 만성절인 11월 1일은 가톨릭과 기독교에서 하늘에 있는 모든 성인을 흠모하고 찬미하는 축일로 '모든 성인 대축일'이라고도 한다. 프랑스에서는 만성절 전후로 파리 공동묘지를 찾는 사람들이 20만 명이 넘는데, 이때 보통 국화를 가져간다.

힘, 긍지,
강렬한 사랑

글라디올러스

GLADIOLUS

멀리서도 눈에 띌 만큼 큰 꽃을 피우는 글라디올러스의 어원은 라틴어 '글라디올루스gladiolus'로, '검劍'이라는 뜻이다. 잎의 생김새가 날이 짧은 검을 연상하게 해 이런 이름이 붙었는데, 오늘날 힘과 자부심을 상징하는 글라디올러스는 로마 시대부터 이미 승리와 긍지를 의미했다. 싸움에서 승리한 검투사[1]에게 관중은 온통 뒤집어쓸 정도로 많은 글라디올러스를 던져 주었다. 영웅들의 꽃인 글라디올러스는 셈족Semite[2]이 보석을 세공하거나 양탄자를 직조하고 직물을 장식할 때 영감을 주기도 했다. 고대에는 야생에서 자랐는데, 늘씬하고 우아한 실루엣과 다채로운 빛깔에 감탄한 수집가들이 19세기 서양에 소개했다. 일본에서는 호화로운 이 꽃을 여성적인 전통 문신으로 몸에 새겨 강한 개성을 드러내기도 한다. 여름부터 초가을까지 개화하는 글라디올러스는 그만큼 강렬하고 거침없는 사랑을 상징하며 8월의 이상적인 탄생화이기도 하다. 하지만 사랑하는 사람에게 선물하기에는 적합하지 않다. 섬세한 꽃의 말에 따르면 검처럼 생긴 줄기는 "당신은 내 심장을 아프게 합니다"라고 이야기하기 때문이다.

---

1   검투사는 영어로 글래디에이터(gladiator)라고 하며 글라디올러스와 어원이 같다.
2   함족, 아리안족과 함께 유럽 3대 인종 중 하나다. 기독교 경전인 성경에 나오는 노아의 맏아들 셈의 자손이라 전해진다. 아시리아인, 아라비아인, 바빌로니아인, 페니키아인, 유대인 등이 셈족에 속한다.

비애,
질책

금잔화

CALENDULA

프랑스어로 금잔화는 '수시souci'라고 불린다. '걱정', '근심' 등을 뜻하는 일반명사와 같은 단어로, 라틴어 '솔세키아solsequia'에서 파생했다. 그러므로 금잔화의 슬픔은 곧 태양을 그리워하는 마음이다.[1] 그리스 신화에 따르면 아폴론을 사랑한 젊은 칼타Caltha[2]가 햇빛에 말라 죽고 그 자리에 피어난 태양을 닮은 꽃이 바로 금잔화다. 칼렌둘라Calendula속으로 분류되는 금잔화의 씨앗은 약으로 다양하게 활용했는데, 파라오 시대부터 이미 피부에 생기가 돌게 하는 식물로 알려져 있었다. 샤를마뉴Charlemagne[3] 또한 종교적이고 의학적인 이유로 황궁 정원에 금잔화를 길렀다. 고대 미국 토착민들은 신을 조각하고 그 조각상을 장식하기 위해 금잔화로 화환을 만들었으며, 기독교인들 역시 '마리아의 꽃'이라고 부르며 금잔화로 성모상을 아름답게 꾸몄다. 이러한 풍습에 중세 미신이 더해져 금잔화를 침대 아래 숨겨 놓으면 도둑이 드는 것을 막을 수 있다거나 침입자에게 어떤 능력이 있는지 알아보게 해주는 꿈을 꿀 수 있다고 믿었다. 사랑하는 사람에게 금잔화 다발을 선물한다는 것은 꽃의 섬세한 세계에서 슬픔과 고통 혹은 상대에 대한 원망을 전하는 것과 같다.

---

1. 라틴어 '솔(sol)'은 '태양', '세쿼르(sĕquor)'는 '따르다'라는 의미다. 금잔화는 해가 뜰 때 꽃을 피우고, 해가 지면 꽃잎을 오므린다. 우리나라에서는 황금색 술잔을 닮았다고 하여 '금잔화(金盞花)'라고 부른다.
2. 그리스어로 '컵'이라는 뜻으로, 밤이고 낮이고 들판에서 태양신을 바라보다 몸과 영혼이 모두 시들어 태양 광선을 가득 담은 컵 모양 꽃이 되었다.
3. 742?~814. 프랑크 왕국의 왕이자 서로마 제국의 황제. 게르만 민족을 통합하고 영토를 확장했다. 768~814년에 재위했으며. 샤를 1세, 혹은 카롤루스라고도 불린다.

의연함, 용기,
변함없는 사랑

꽃무

WALLFLOWER

아주 드물게 보랏빛을 띠지만 대개는 노랗거나 검붉은 꽃을 피우는 꽃무는 다른 꽃들이 자라지 못하는 척박한 땅에서도 싹을 틔워 나지막한 담장을 차지하곤 한다. 봄에 씨를 뿌리면 다음 해 봄이 되어서야 꽃을 피우지만 그 시기가 매우 빨라 일찍이 벌을 불러들여 과수원 나무들의 수분을 돕는 아주 중요한 역할을 한다. 겨자, 양배추와 형제라고 할 수 있는데, 그중에서도 꽃무는 특히 매우 낭만적인 스코틀랜드 전설의 주인공이다. 14세기 스코틀랜드에 마스라는 공작이 있었는데, 딸이 어떤 젊은 남자와 사랑에 빠지자 결혼을 반대해 딸을 탑에 가둔다. 그러자 이 아름답고 용감한 소녀는 사랑하는 남자를 다시 만나기 위해 탑에서 빠져나오다 추락해 목숨을 잃고 그 자리에 꽃무가 자라난다. 이 비극적인 이야기는 영국에서 큰 사랑을 받아 유명한 17세기 영국 시인 로버트 헤릭Robert Herrick[1]과 그에 못지않게 명성 높은 19세기 시인 윌리엄 워즈워스William Wordsworth[2]가 노래하기도 했다.

---

1   1591~1674, 영국의 시인이자 목사. 자연과 인생, 신과 인간에 관한 주제를 다루었으며 아름답고 간략한 라틴풍 시를 발표했다. 시집 《헤스페리데스》 등을 남겼다.
2   1770~1850, 자연의 아름다움과 인간과의 영적 교감을 노래했고, 새뮤얼 테일러 콜리지와 공동으로 발표한 《서정 가요집》은 낭만주의의 부활을 결정지었다. 저서로 시집 《서곡》 등이 있다.

에로티시즘,
유혹

난초

ORCHID

난초를 이르는 영어 단어 '오키드orchid'는 고대 그리스어 '오르키스órkhis'에서 유래했다. 이는 '고환'을 뜻하는 말로, 난초 뿌리의 해부학적 형태를 보면 왜 이렇게 불리는지 짐작할 수 있다. 그리스 신화에 따르면 한 님프와 사티로스satyros[1]의 아들 오르키스Órkhis[2]가 변모한 꽃이 바로 난초다. 1세기 그리스의 의사 디오스코리데스Pedánios Dioskourídēs[3]는 난초가 성 분야에 어떤 역할을 한다는 가설을 세우기도 했으며 그 암시적인 면모 때문에 이 식물은 늘 생식 능력, 다산, 에로티시즘, 여성의 성과 관련되었다. 고대 그리스 사람들은 심지어 난초가 아기의 성을 결정한다고 믿어서 남자들이 아들을 갖고 싶으면 커다란 난초 뿌리를 먹고, 딸을 원하면 작은 뿌리를 먹었다. 아름다운 자태에 예술적 가치가 높아 중국과 일본에서도 난초를 숭배했는데, 중국의 철학자 공자孔子는 난초의 외양을 더할 나위 없이 완전하고 초월적인 인간의 모습에, 그 향기는 우정에 비유했다. 난초과 식물은 자연 종만 2만 가지가 넘고 교배종은 10만 종에 이르며 국화과Asteraceae와 더불어 세계에서 가장 널리 분포해 베네수엘라, 콜롬비아, 코스타리카, 싱가포르 같은 나라에서 국화로 지정되었다.

---

[1] 그리스 신화에 등장하는 반인반수의 괴물. 포도주의 신 디오니소스의 자손으로 머리에는 뿔이 달렸고, 뾰족한 귀와 수염이 특징이며 때때로 굽이 든 모습으로 나타난다.
[2] 포도주의 신 디오니소스를 기리는 축제에서 오르키스는 디오니소스의 여사제 중 한 명을 덮치려 한다. 이에 화가 난 디오니소스가 오르키스를 죽여 버리고, 그의 아버지가 아들의 죽음을 애도해 다시 살아나게 해 달라고 신들에게 부탁한다. 하지만 신들은 아버지의 부탁을 들어주는 대신 그를 난초로 태어나게 한다.
[3] BC 40~BC 90, 그리스의 식물학자이자 의사, 약업 분야 권위자. 약사 과정에 입문하는 학생들이 하는 디오스코리데스 선서의 유래가 됐다. 식물 600여 종에 대한 기록이 담겨 서양 약학의 근본이 된 저서 《약물에 대하여(De materia medica)》를 썼다.

절개,
영원한 사랑

달리아

DAHLIA

'폼폰 달리아Pompon'[1]와 '캑터스 달리아Cactus Dahlia'[2]는 이 식물에서 가장 잘 알려진 두 종으로, 모든 종을 다 합하면 약 4만 개에 이른다.[3] 오늘날 여러 정원에서 큰 인기를 얻고 있는 달리아가 걸어온 기나긴 길을 거슬러 올라가면 멕시코의 요람에 이른다. 아즈텍인[4]은 약으로 쓰기 위해 이 꽃을 재배하기 시작했는데 줄기가 텅 비었다고 하여 '물 지팡이'라는 뜻의 '코콕소치틀cocoxochitl'이라고 불렀다. 오랫동안 해바라기와 혼동되어 온 달리아가 등장하는 전설과 종교, 민속신앙 이야기도 많다. 하지만 실제로 세상에 그 모습이 드러난 것은 유럽으로 향하던 스페인 함선 위였다.[5] 그리고 4명의 식물학자가 이 오리지널 달리아를 번식시키는 데에 성공했고, 이후 약용이 아닌 관상용 식물로 재배되기 시작했다. 아메리카 대륙에서 기원했기 때문에 달리아가 등장하는 그리스나 로마 신화는 없다. 리투아니아Lithuania[6] 신화 속 운명의 여신, 달리아Dalia[7]와도 관련이 없다. 왜냐하면 '달리아'라는 이름은 안데

---

[1] 완벽한 동그라미를 이루는 화형이 특징으로 작은 꽃잎이 촘촘히 핀다.
[2] 꽃잎이 길고 뾰족하며 가늘게 갈라진다.
[3] 4만 종 모두 자생종은 아니다. 달리아속 식물은 종간 교잡을 통해 새로운 종을 아주 쉽게 만들 수 있기 때문에 19세기 초부터 모양, 색깔, 크기가 다양한 종을 끊임없이 개량했다.
[4] 멕시코 고원에 살던 한 고대 부족. 13세기 말에 멕시코 고원에 아스테카 왕국을 세우고 종교 색채가 짙은 독특한 문화를 발달시켰으나 1520년, 스페인의 코르테스에게 정복당한 후 쇠퇴했다.
[5] 펠리페 2세(Felipe el Prudente, 1527~1598)의 주치의이자 박물학자였던 프란시스코 에르난데스 데 톨레도(Francisco Hernández de Toledo, c 1515~1587)가 멕시코에서 아즈텍 의학 전통과 식물, 자연사를 연구해 달리아뿐만 아니라 바닐라, 옥수수, 카카오 등 3,000여 종의 식물에 대한 기록을 남겼다.
[6] 유럽 러시아 서북부 발트해 연안의 공화국.
[7] 리투아니아 신화 속 운명의 여신으로 재화와 재산을 관장하여 부모가 자녀에게 재산을 나누어 주듯 갓 태어난 아기들에게 부를 적절히 분배한다. 여성, 양, 백조, 오리 등의 모습으로 나타난다.

르스 달Anders Dahl[8]에게서 딴 것이기 때문이다. 하지만 이 스웨덴인 식물학자가 달리아를 처음으로 재배한 것도 아닐뿐더러 그는 그 사실조차 몰랐을 것이다. 안데르스 달이 사망한 해인 1789년에야 비로소 유럽에서 처음으로 꽃을 피웠기 때문이다. 그리고 그가 사망한 지 2년 후인 1791년, 이 훌륭한 학자에 대한 경의로 '달리아'라는 이름이 붙었다. 하얀색은 매혹, 노란색은 신뢰, 빨간색은 영원한 사랑을 표현하는 등 꽃들의 언어에서 달리아는 언제나 긍정적인 마음을 전한다.

---

[8] 1751~1789, 스웨덴의 식물학자이자 박물학자. 식물 연구뿐만 아니라 환경 폐기물에 따른 환경 오염 등에 관한 연구도 진행해 스웨덴 산업 폐기물 제한의 첫발을 내디디기도 했다.

순수한 사랑,
결백, 새로움

DAISY

데이지

"널 조금 사랑한다, 많이 사랑한다, 조금 사랑한다……." 아주 오래전부터 연인들은 들판에 피는 데이지 꽃잎을 한 장씩 떼어 내며 사랑을 점쳐 왔다. 고대 로마에서는 벨레디스Belledis 숲의 한 님프가 과수원의 신, 베르툼누스Vertumnus[1]의 열정을 불러일으킨 일을 데이지 이야기의 시작으로 여긴다. 베르툼누스의 눈을 벗어나 몸을 숨기고 순결을 지키기 위해 이 님프는 들판의 한 송이 벨리스Bellis, 즉 데이지로 변한다.[2] 고고학자들은 크노소스Cnossos[3]에 있는 미노스Minos[4]의 궁전에서 데이지 장식 머리핀을 발견했는데 무려 4,000년도 더 지난 시대의 유물이었다. 이 예쁜 꽃은 성경에도 영감을 주었다. 기독교도들은 데이지를 마리아 막달레나Maria Magdalena[5]의 눈물로 여기기도 한다. 또한 중세 기사들은 토너먼트에 출전할 때 데이지 목걸이를 착용해 자신들이 섬기거나 사랑하는 여성에 대한 마음을 표현했다. 앵글로·색슨족Anglo-Saxon[6]이 세운 나라들에선 데이지를 '신의 미소sourire de Dieu', 혹은 '낮의 눈day's eye'이라 불렀고, 여기에서 데이지daisy라는 영어 이름이 유래했다. 빅토리아 시대에는 한 번에 여러 꽃을 딴 후 그 수를

---

1 로마 신화에서 계절의 변화를 관장하는 신.
2 벨레디스 숲의 님프란 포모나(Pomona)를 가리킨다. 정원을 가꾸고 과일을 재배하던 포모나는 여러 신에게 구애를 받지만 오로지 탐스러운 과일을 열리게 하는 데에만 열중한다.
3 그리스 크레타섬 북쪽 기슭 헤라클리온시에 있는 언덕. 크레타 왕국의 수도로 기원전 3000년 무렵에 번영했다.
4 그리스 신화에 나오는 크레타의 왕. 포세이돈에게 선물 받은 아름다운 황소를 제물로 바치지 않아 화가 난 포세이돈이 미노스의 아내 파시파에와 황소를 맺어지게 하여 머리는 소이고 몸은 사람인 괴물 미노타우로스가 태어났다.
5 가톨릭에서 막달라 마리아(Magdala Maria)를 이르는 이름으로 갈릴리 호숫가에 위치한 막달라 출신 여인이다. 귀신이 들렸다가 예수 그리스도의 치료를 받은 후 그를 따랐다. 예수의 부활을 처음으로 목격한 사람이다.
6 5세기 무렵 독일에서 영국으로 건너가 여러 왕국을 세운 게르만 민족의 한 분파. 앵글족, 색슨족, 유트족으로 이루어졌으며 현재 영국 국민의 주된 혈통이다.

헤아리는 게임도 있었으며 꽃의 개수를 결혼까지 남은 햇수로 여겼다. 켈트족이 세운 나라들에서 전해지는 한 전설에서는 사산된 아이들의 영혼이 부모를 위로하고 행복하게 하기 위해 지상으로 돌아온 것이 데이지라고 믿었다.

장수, 변함없는 사랑,
행복

동백

CAMELLIA

화려한 꽃을 피우는 관목인 동백은 중국에 이어 일본으로 그 무대를 넓혀 나갔다. 중국 황제들은 그들만의 비밀 정원에서 동백을 재배하며 신성하게 여겼다. 일본에서 동백은 '쓰바키ツバキ'라고 불리는데, 종교 의식과 관련되며 아름다운 전설 또한 전해진다. 효심 깊은 한 농부가 후지산富士山의 여신[1]에게서 받은 영험한 나뭇가지를 마을에 심어 뿌리를 내리게 한다. 마을 사람들은 크고 높게 자란 이 나무의 영험한 힘으로 병을 고친다. 이후 사람들은 산속 깊숙이 자라는 동백 잎에 맺힌 이슬로 눈병을 치료할 수 있다고 믿게 되었다. 일본에서 동백꽃은 색깔에 따라 다양한 의미를 지닌다. 붉은 동백꽃은 사랑, 노란 동백꽃은 부족한 사랑, 하얀 동백꽃은 기다림을 뜻한다. 동백은 유럽에서도 큰 사랑을 받지만, 그 명성은 사실 속임수에서 시작되었다. 18세기에 중국인들이 찻잎으로 쓰이는 *카멜리아 시넨시스*Camellia sinensis[2] 대신 관상용인 *카멜리아 자포니카*Camellia japonica[3]를 동인도 회사에 건넨 것이다. 동백꽃의 아름다움은 19세기 유럽에서 유행을 이끌기도 하여 알렉상드르 뒤마 피스Alexandre Dumas fils[4]가 1848년에 출간한 소설 《춘희La Dame aux camélias》[5]를 통해서도 그 인기를 확인할 수 있다.

---

1 일본에서 가장 높고 신성한 산인 후지산의 여신, 고노하나사쿠야히메(木花咲耶姬)를 가리킨다. 대개 새하얀 옷을 입은 소녀로 묘사되며 분화구 인근 빛을 발하는 구름 속에서 산다.
2 '차나무'의 학명으로 '중국의 카멜리아'라는 뜻이다. 대략 80여 종이 있으며 우리가 흔히 마시는 녹차와 홍차 잎을 얻는 나무도 이에 포함된다.
3 차나뭇과 동백나무속의 한 종으로 한국에서 흔히 볼 수 있는 동백꽃이 바로 이 꽃이다.
4 1824~1895, 알렉상드르 뒤마의 아들. 프랑스에서는 이름 뒤에 '아들'이라는 뜻의 '피스(fils)'를 붙여 둘을 달리 부른다. 《사생아》, 《방탕한 아버지》 등의 작품을 썼다.
5 원제의 뜻은 '동백꽃을 든 여인'이다. 계급이 다른 집안 연인의 사랑과 이별을 담은 작품이다. 희곡으로 개작되었으며 베르디의 유명한 오페라 〈라 트라비아타〉로도 공연되었다. 당시 아르누보 대표 작가 알폰스 무하가 제작한 포스터에는 하얀 동백꽃이 그려져 있다.

삶, 힘,
행복, 건강

들장미

WILD ROSE

들장미는 장미의 야생 사촌이라고 할 수 있다. 우리 손을 찌르는 가시가 돋친 이 관목을 프랑스에서는 '개들의 장미rosier des chiens'라고 부르는데 학명은 *로사 카니나*Rosa canina다.[1] 아메리카 원주민들에게 이 장미는 삶의 상징이었다. 파이우트족Paiute[2]이나 네즈퍼스족Nez-Percé[3]을 비롯해 수많은 부족민이 유령이나 그 외 다른 나쁜 영혼을 쫓을 수 있다는 믿음으로 집 앞에 심곤 했고, 같은 이유로 악마에 들렸다고 의심되는 사람들의 옷 주머니나 상복에 넣기도 했다. 꽃이 핀 들장미 나뭇가지를 아기 요람에 묶는 관습도 있었는데, 이를 통해 아기가 힘과 생명력을 얻기를 바랐다. 이러한 열망은 들장미를 수놓은 침구류나 옷가지에서도 발견할 수 있다. 들장미 열매인 로즈 힙rose hip은 행복과 건강을 가져다준다고 여겨 케이크나 과자를 구울 때도 넣었다.

---

[1] 우리나라에서는 개장미 혹은 개 '구(狗)'에 어금니 '아(牙)'를 써서 구아장미(狗牙薔薇)라고 부른다. 영어로도 역시 '도그 로즈(Dog Rose)'다. 장미속으로 분류되며 아시아, 유럽, 북부 아프리카, 북아메리카 극한, 온대 및 아열대 지역 등 전 세계에 약 200종이 분포한다. 고대 유럽에서는 차로 우려 마시거나 잼을 만들었으며 중세 시대에는 여성 유방 질환 치료에도 썼다.
[2] 캘리포니아, 애리조나, 네바다 등 미국 서부에 분포했으며 오늘날 약 1만 7,000명이 전통을 지키며 혈통을 잇고 있다.
[3] 프랑스 탐험가들이 '코를 뚫다'라는 뜻으로 부른 프랑스어 이름이 대중화되었으나 부족 언어로는 니미푸족(Nimíipuu)이다. 오늘날 미국 워싱턴, 오클라호마 원주민 보호구역에 거주하며 문화, 정치, 경제 분야에도 영향력을 미친다.

장수, 인내심,
기도

등나무

WISTERIA

등藤나무는 100년을 거뜬히 산다. 가장 오래 산 등나무로 기록된 것은 일본 종으로 무려 1,200살에 이른다. 이뿐만 아니라 꽃이 풍성하고 아름답게 피며 향기는 사람을 홀리는 듯하고 상징성도 풍부해 기억, 끈기, 창조성, 충만감 등을 떠올리게 한다. 어떤 기후에서든 자생해 슬픔과 역경을 이겨 내고 승리했다는 감성적인 측면도 엿보인다. 불교에서는 아래로 떨어지는 듯한 꽃송이들이 기도와 묵상을 완벽하게 그려 낸다고 여긴다. 1820년대 일본 전통극 〈후지 무스메藤娘〉[1]에는 등나무 줄기를 손에 든 기모노 차림 소녀가 등장한다. 이 소녀는 등나무 정령으로 그림 속에서만 존재하는데, 한 젊은 남자를 사랑한 나머지 그를 만나기 위해 화폭 밖으로 나가기로 결심한다. 하지만 그 소녀를 기다리는 것은 경멸뿐이었고, 소녀는 등꽃이 마치 눈물 흐르듯 피어난 자신의 자리로 돌아간다.

---

[1] 음악과 무용을 함께 공연하는 일본 전통극인 가부키 중 1826년에 초연된 명작 레퍼토리로 등나무 정령인 소녀가 등장한다. 일본 등나무 종인 *위스테리아 플로리분다*(*Wisteria floribunda*)를 일본에서는 '후지(藤)'라고 부르는데, 인기작 〈귀멸의 칼날(鬼滅の刃)〉에서 도깨비를 쫓는 꽃으로 등장한다.

열정,
노동

디기탈리스

DIGITALIS

프랑스에서 디기탈리스는 '여자 목동의 주사위', '여자 목동의 장갑', '늑대 꼬리' 등으로 불리기도 한다. 이러한 별명을 통해 디기탈리스가 무엇을 상징하는지 잘 알 수 있다. 바로 노동의 열정이다. 보랏빛 혹은 하얀색 종 모양 큰 꽃이 포도송이 열리듯 예쁘게 피는 디기탈리스에는 인간을 죽음에 이르게 하는 성분이 있으며 사람들은 종종 디기탈리스와 루피너스lupinus[1]를 혼동한다. 켈트 지방에서는 독을 품은 이 아름다운 꽃의 기다란 꽃받침에서 광야의 요정이 태어난다는 시적인 전설이 전해진다. 중세 약제사들은 보름달이 환히 뜬 밤이면 들로 나가 왼손으로 이 꽃을 땄으며, 17세기에는 누군가를 독살하려는 의도를 품은 사람들이 양초나 반지, 옷에 디기탈리스 즙을 발랐다고 한다. 또한 다른 성분과 섞은 혼합물을 집 안 바닥에 뿌리면 사악한 기운을 쫓을 수 있다는 믿음이 널리 퍼져 있었다.

---

[1] 콩과의 여러해살이풀 혹은 한해살이풀. 등꽃을 거꾸로 세워 놓은 듯한 형태로 여러 송이 꽃이 아래에서 차례로 피어난다. 미국, 아프리카, 지중해 연안 등지에서 자라며 300여 종이 존재한다.

청춘,
첫 이끌림

라일락

LILAC

그리스 신화에서 라일락은 님프 시링크스Syrinx[1]의 이야기에 등장한다. 숲과 평원의 신 판Pan[2]이 집요하게 자신을 뒤쫓자 시링크스는 견디지 못하고 라일락이 되기로 결심한다. 라일락의 프랑스어 릴라lilas는 '푸르스름함'을 뜻하는 페르시아어 '닐라크nilak'에서 유래했다. 이 단어의 의미론적 진화를 살펴보면 라일락이 프랑스에 도착하기까지 걸어온 길을 추적할 수 있다. 풍성하면서도 섬세하게 꽃을 피우는 라일락은 많은 화가들에게 영감을 주었다. 에두아르 마네Édouard Manet[3]도 그중 한 명이다. 마네가 라일락을 그린 작품으로는 〈유리 꽃병에 담긴 하얀 라일락Lilas dans un vase〉(1882)이 유명하다. 미국의 유명 작가인 월트 휘트먼Walt Whitman[4]도 라일락에 영감 받은 시를 한 편 남겼다. 〈현관 아래 라일락이 마지막으로 꽃 피울 때When lilacs last in the dooryard bloom'd〉는 남북전쟁 때 쓰였는데, 에이브러햄 링컨Abraham Lincoln[5] 대통령을 기리는 시로 피살 직후 쓰인 추모 연작시 중 한 편이다.[6] 이 시는 프

---

[1] 아르카디아의 산에 살던 님프로 순결을 상징하는 처녀 신 아르테미스를 흠모해 정절을 지키려 한다. 하지만 판이 쫓아오는 바람에 정절을 지키기 위해 라돈강까지 달아나다가 막다른 길에 이르자 스스로 간청해 라일락이 된다. 라일락이 아닌 갈대로 변했다는 설도 있다.

[2] 반인반수의 모습을 한 숲과 평원, 목동과 가축의 신. 산과 들에 살며 미소년이나 님프를 쫓아다니는 호색한이다.

[3] 1832~1883, 프랑스의 화가. 인상파의 개척자로서 근대 회화의 아버지라 일컬어진다. 풍부하고 화려한 색채와 대담한 소묘로 참신한 유화를 그렸다. 작품으로 〈풀밭 위의 식사〉, 〈피리 부는 아이〉 등이 있다.

[4] 1819~1892, 미국의 시인. 가난한 농가 출신으로 전통적인 시 형태에 따르지 않고 자유로운 기법으로 사랑과 연대를 노래했다. 작품으로 시집 《풀잎》, 산문 〈민주주의의 전망〉 등이 있다.

[5] 1809~1865, 미국의 제16대 대통령. 남북전쟁에서 북군을 이끌어 1862년 민주주의 전통과 연방제를 지키고 1863년 노예 해방을 선언했다. 1864년 대통령에 재선되었으나 이듬해 암살당했다.

[6] 첫 세 행은 다음과 같다. "현관 아래 라일락이 마지막으로 꽃 피울 때/ 그리고 한밤 서쪽 하늘로 큰 별이 일찍이 기울 때/ 나는 애도했네, 돌아오는 봄이면 애도하리니."

랑스 노래 〈버찌가 여물 무렵Le Temps des cerises〉[7]의 명성에 비할 만하다. 자줏빛 라일락은 특히 첫사랑을 상징하며 열정 혹은 감성 넘치는 젊음의 충동을 표현한다. 하얀 라일락에는 무엇보다도 젊음에서만 엿볼 수 있는 순수함이 깃들어 있다. 또한 라일락은 신부의 부케 속에서 아이비와 어울려 열정적인 사랑이나 영원히 이어질 연인 사이를 상징하기도 한다.

---

[7] 장 바티스트 클레망(Jean Baptiste Clément)의 가사에 앙투안 르나르(Antoine Renard)가 곡을 붙인 19세기 프랑스 노래. 작자 불명의 민요를 제외하고 프랑스에서 가장 널리 불린 곡 중 하나다. 체리가 익어 가는 계절의 짧은 사랑을 아름답게 노래했으며 1885년 파리 코뮌의 구급대원 루이즈에게 바쳐진 후 혁명의 좌절과 이상이라는 정치적 의미로 해석되기도 했다. 오늘날에도 대중적으로 널리 불린다.

영원한 사랑,
화해, 건강

레몬나무

LEMON

길쭉한 꽃잎이 피어나면 레몬나무 가지는 한껏 아름다워진다. 프랑스 향수 제조자 세르주 뤼탕Serge Lutens[1]은 시를 쓰듯 매혹적으로 이 꽃을 묘사했다. "낮에 빛난다면 저녁엔 불타오르리. 이 모든 헤스페리데스 가족,[2] 오렌지나무부터 만다린나무, 레몬나무, 커다란 자몽나무도 잊지 말길. 무엇보다도 그 꽃은 매혹적인 신선함을 가장 잘 드러내니." 레몬나무의 조상은 시트론citron[3]으로 인도와 남아시아에서 유래했다. 알렉산드로스 대왕Alexander the Great[4]의 군대가 인더스 계곡Indus[5] 유역을 정복한 후 그리스로 가져왔다고 전해진다. 성경에는 또 다른 레몬나무의 역사가 기록돼 있는데, 그 기원이 에덴동산이라고 한다. 하와가 에덴동산에서 쫓겨날 때 레몬을 가지고 나오는 바람에 아름다운 꽃과 더불어 씁쓸한 맛을 얻었다는 것이다. 지구상 열대와 아열대 지역 어디에서든 잘 자라는 레몬나무는 프랑스 망통시Menton[6]의 상징이며 이 도시에서는 1930년대 이후 해마다 레몬 축제가 열린다. 유럽에서 꽃이

---

1 1942~ , 프랑스 패션 디자이너이자 향수 제조자, 사진작가, 영화제작자. 그의 이름을 딴 향수 회사 세르주 루텐은 다양하고 새로운 향의 조합, 어둡고 비밀스러운 브랜드 이미지로 잘 알려졌다.
2 감귤류 계통을 이른다. 베르가모트, 레몬, 자몽, 만다린, 클레멘타인, 유자 등이 있으며 상큼하면서도 달콤한 과일 향 향수를 만들 때 주로 쓴다. 프랑스 향수 위원회의 분류에 따르면 여섯 가지 후각 계열 중 하나다. 그리스 신화에 등장하는 헤스페리데스(Hesperides)는 황금 사과 과수원을 지키는 네 자매 님프들로, 헤라클레스에게 황금 사과를 빼앗긴 뒤 슬픔에 잠겨 나무로 변했다.
3 운향과의 상록 활엽 관목. 높이는 3m 정도이고 가지에 가시가 많으며 잎은 넓은 타원형이다. 꽃 바깥쪽은 자주색이고 안쪽은 흰색이며, 열매는 장과(漿果)로 과육이 하얗고 향기가 나며 신맛과 쓴맛이 있다. 과피는 과자 재료로 쓴다. 지중해 연안에 널리 분포한다.
4 BC 356~BC 323, 마케도니아의 왕. 그리스, 페르시아, 인도에 이르는 대제국을 건설했다. 정복지에 도시를 다수 건설해 동서양의 교통과 경제 발전에 기여했으며 그리스 문화와 오리엔트 문화를 융합한 헬레니즘 문화를 이룩했다. 알렉산더 대왕이라고도 한다.
5 히말라야산맥을 가로질러 흐르는 인더스강 유역 계곡. 티베트고원 서부에서 파키스탄을 거쳐 아라비아해로 흘러든다. 고대 문명의 발상지다.
6 프랑스 프로방스 지역의 도시로 이탈리아와 가깝다. 매년 2월에 열리는 레몬 축제로 유명하다.

핀 레몬나무 가지를 건네는 것은 영원한 사랑, 혹은 화해의 메시지인 한편, 인도를 비롯한 아시아에서는 하얀 꽃을 피우고 금빛 과일을 맺는 이 나무를 건강과 새로움의 상징으로 여긴다.

사랑 고백   로도덴드론

AZALEA

겨울 초입에 꽃을 피우는 이 아름다운 식물이 로도덴드론*Rhododendron*이라는 진달래속으로, 무려 1,000개가 넘는 종 중 하나라는 사실을 아는 사람은 많지 않다.[1] 영국 정원에서 귀족으로 대우받는 이 꽃은 사실 사람이 접근할 수 없는 고립 지역이라면 지구상 어디에서든 자생하는 식물이다. 흔히 알려진 진달래는 대개 중국과 히말라야 지역에서 건너왔으며 네팔의 국기와 인도 카슈미르Kashmir 주기州旗[2]에도 그려져 있다. 미국 애팔래치아산맥에서도 자라는 이 꽃의 기원은 원주민 전설을 통해 살펴볼 수 있다. 카토바족Catawba[3]과 체로키족Cherokee[4] 사이에서 영토를 놓고 벌어진 잔혹한 전투가 몇 달이나 이어졌다. 이에 절망한 '위대한 영혼'이 숲을 멀찍이 물러나게 하자 하얀 로도덴드론이 피에 물들어 붉은 꽃을 피우기 시작했다. 그리스 라틴 신화에서는 로도덴드론이나 진달래의 흔적을 전혀 찾아볼 수 없음에도 이 환상적인 관목은 19세기와 20세기에 활동한 많은 탐험가, 식물학자, 모험가들을 이끌었다. 이들은 세상에 아직 모습을 드러내지 않은 로도덴드론 종을 손에 넣기 위해 위험을 무릅쓰고 용감하게 산으로 향하곤 했다. 꽃의 말로 로도덴드론은 첫 번째 사랑 고백을 뜻한다.

---

1   한국에서 자생하는 진달래는 대개 로도덴드론 무크로눌라툼(*Rhododendron mucronulatum*)이라는 종으로 3~5월에 핀다. 끝이 날카로운 잎 모양 때문에 이런 학명이 붙었다.
2   인도 북부 카라코람산맥 남쪽에 위치한 주로 정식 명칭은 잠무 카슈미르다. 중국, 아프가니스탄, 파키스탄 등과 국경을 접한 분쟁 지역이며, 1947년 인도로 편입될 때 이 주만의 깃발인 주기 사용과 입법권을 보장받았다.
3   북아메리카에서 주로 농업에 종사했던 인디언 부족으로 초기 식민지 개척민들에게 우호적이어서 미국 독립 전쟁 때 개척민들과 협력해 영국군에 맞섰다. 전쟁과 천연두, 부족 간 전투 등으로 쇠퇴했으나 이후 연방정부의 공인을 받고 사우스캐롤라이나에 거주하고 있다. 이스와족(Iswa)으로도 알려져 있다.
4   북아메리카 인디언 종족으로 영국 식민 지배 과정에서 백인 문화를 적극 수용해 미국 정부의 원주민 교육 시범 부족이 되었다. 본디 북아메리카 동남부 애팔래치아산맥에 살았으나 '눈물의 길' 이주 정책으로 지금은 대부분 오클라호마주에 거주한다.

치유, 온화,
친절

마시멜로

MARSH MALLOW

마시멜로의 학명, *알타이아 오피시날리스Althaea officinalis*는 그리스 신화에 등장하는 아트레우스 왕Atreus[1]의 아내이자 치유의 여신인 알타이아Althaea[2]에서 유래했다.[3] 큰 꽃을 피우고 보송보송하게 솜털이 나는 이 식물은 달콤한 과자로 사랑받기 전에는 완화제 등의 약용으로 쓰였으며, 관상용으로 재배하기도 했다.[4] 마시멜로의 진정 성분은 고대 그리스 의학자 히포크라테스Hippocrates가 발견한 이후 널리 알려졌으며 중세 시대에는 거짓말을 했다는 죄목으로 빨갛게 달군 쇠막대로 지지는 형벌을 당한 죄수들이 상처에 마시멜로 뿌리 연고를 바르며 고통을 견뎠다. 또한 사악한 영혼을 물리친다고 여기기도 했다.

---

1. 트로이 전쟁을 승리로 이끈 미케네 왕 아가멤논(Agamemnon)의 아버지. 동생인 트에스테스(Thyestes)가 자기 아내와 간통한 일에 격분해 미케네의 왕이 되자 동생의 아들들을 죽이고 그 고기를 동생에게 먹였다.
2. 《변신 이야기》에 등장하는 아이톨리아 지방의 왕비로 아들의 생명과 오빠의 복수를 두고 갈등하다가 오빠를 택한다. 아들의 생명 줄인 장작을 불길에 던져 버린 후 자신이 얼마나 끔찍한 일을 저질렀는지 깨닫고 스스로 목숨을 끊는다.
3. 속명 알타이아(Althaea)는 그리스어 알토우(althou)에서 기인했으며 '치료하다'라는 뜻이다.
4. 고대 이집트에서 마시멜로 뿌리로 만들어 먹은 과자가 오늘날 마시멜로의 기원이다. 하지만 현재는 마시멜로 뿌리를 넣어 만들지 않은 것이 대부분이라고 한다.

소생, 풍요,
생기

메꽃

BINDWEED

프랑스에서 '주님의 셔츠chemise du bon Dieu'라는 별명으로 불리는 메꽃에는 '한낮의 미녀belle-de-jour', '들판의 백합lys des champs', '동정녀의 종clochette de la vierge'이라는 이름도 있다. 번식력이 매우 강한 야생 덩굴이자 잡초임에도 많은 사랑을 받는다. 고대 로마의 학자 플리니우스Gaius Plinius Secundus[1]는 메꽃을 망자의 식물로 분류했다. 고대 이집트의 그림에서도 자주 눈에 띄는데, 파피루스 줄기와 함께 투탕카멘Toutankhamen[2] 같은 위대한 파라오들의 장례 화환에 사용되며 부활과 다산을 기원했다. 강철 화살촉 같은 삼각형 잎의 형태나 그 강인한 생명력 때문에 이집트인은 메꽃을 아주 중요하게 여겼다. 한편 꽃의 모양은 종과 비슷해 목가적인 풍경을 묘사한 프레스코화[3]에도 자주 등장하는데, 보통 푸른 연꽃과 함께 그려져 있다. 줄기를 꼬아서 파피루스 다발을 묶은 다음 미라에게 바치거나 사랑하는 사람에게 선물하기도 했다. 현대에 이르러서는 아르데코[4] 시대의 보석과 건축 양식에서 나타나 메꽃이 예술가들에게 영감을 주었음을 알 수 있다.

---

[1] 23~79, 로마 제국의 정치인이자 군사, 역사, 수사학, 자연 과학을 연구한 학자로 대백과 전서 《박물지》 37권을 펴냈다.
[2] BC c 1370~BC c 1352, 고대 이집트 제18대 왕조의 제12대 왕. 아멘호테프 4세의 사위이자 후계자다. 룩소르 서쪽, 왕가의 계곡에 있는 그의 무덤에서 황금관과 황금마스크 등 수많은 유물이 발굴되었다.
[3] 벽화를 그릴 때 쓰는 화법으로 새로 석회를 바른 벽이 채 마르기 전에 수채로 그린다.
[4] 1920년경부터 프랑스에서 유행한 건축, 공예, 회화 따위의 예술 양식. 곡선의 장식 가치를 강조한 아르누보와 대조적으로 기계 문명의 영향을 받아 직선을 기조로 한 장식 양식이다.

풍요

미나리아재비

BUTTERCUP

보통 미나리아재비라고 부르는 이 꽃은 사실 미나리아재비속 라눙쿨루스Ranunculus의 다양한 종을 아우른다. 노랗게 반짝이는 꽃잎이 마치 버터 같은 빛을 반사한다고 하여 독일어로는 '버터 꽃'이라는 뜻의 '부터블루메Butterblume', 영어로는 '버터 종지'를 뜻하는 '버터컵buttercup'이라고 불린다.[1] 십자군과 함께 프랑스로 건너온 미나리아재비는 언제나 풍요를 떠올리게 하며 꽃의 말로는 "당신은 경탄이 터져 나올 만큼 매력적이고 눈부십니다"라는 뜻이다. 신화에서 비롯한 한 전설을 통해 이 꽃의 탄생에 얽힌 이야기를 알 수 있다. 항상 노란색과 초록색으로 화려하게 차려입기를 좋아하는 아름다운 청년 라눙쿨루스Ranunculus는 목소리마저 감미롭고 매력적이었다. 숲에서 님프들을 위해 노래를 부르던 그가 어느 날 자신의 목소리에 극도로 심취한 나머지 황홀경에 빠져 목숨을 잃자, 시와 음악의 신 아폴론Apollon[2]이 그를 꽃으로 다시 태어나게 했다. 신대륙 정복자들을 통해 아메리카로 넘어온 미나리아재비는 그 여정에서 '코요테의 눈'이라는 새로운 별명을 얻기도 했다. 독수리에 안구를 쪼인 코요테가 그 빈자리를 미나리아재비로 덮었고, 그 때문에 코요테의 두 눈이 노랗게 빛나게 되었다는 것이다. 신비로운 전설을 품은 이름이다.

---

[1] 프랑스에서는 '부통 도르(bouton d'or)'라고 부르는데 '금 단추'라는 뜻이다.
[2] 그리스 신화에 나오는 올림포스 12신 가운데 하나. 예언, 의료, 궁술, 음악, 시의 신이며 광명의 신이기도 해서 훗날 태양신과 동일시되었다.

사랑, 불멸,
여성성

미모사

MIMOSA

미모사라는 이름은 무언극 혹은 풍자 희극을 뜻하는 단어 '마임mime'에서 유래했다. 그 때문인지 미모사의 꽃말은 '침묵하고 번민하는 사랑'이다. 아카시아속 미모사[1]는 매년 겨울이면 코트다쥐르Côte d'Azur[2]에서 노란 꽃차례를 활짝 피우며 사람들을 즐겁게 한다.[3] 코트다쥐르 프리메이슨단[4]은 이 나무를 부활과 불멸의 상징으로 삼는다. 미모사는 인도에서도 서식하는데, 전해지는 여러 전설 중에는 한 님프와 인간 남자의 사랑 이야기도 있다. 연인은 둘의 사랑을 신들에게 허락받지만, 남자가 벌거벗은 모습을 보여서는 절대 안 된다는 조건이 따른다. 하지만 님프는 그 약속을 지키지 못했고, 남자는 연인을 되찾기 위해서 자신을 희생하는 길을 택한다. 남자는 미모사 가지들에 불을 붙인 후 그 위에 몸을 길게 뉘었고, 그렇게 간다르바Gandharva,[5] 즉 자연에 깃든 정령이 된다. 오스트레일리아에서는 얼핏 연약해 보이지만 풍성하고 힘차게 꽃을 피우는 미모사를 보고 매년 9월 1일이면 봄이 돌아오는 것을 축하한다. 오스트레일리아는 미모사의 고향이기도 하다. 한편 미모사는 1946년, 여성의 날을 상징하는 꽃으로 지정되었다.

---

1 노란 꽃을 피우는 아카시아속 미모사는 미모사속 미모사와 통용되어 미모사로 불리지만, 은엽 아카시아가 정확한 이름이다. 한편 한국에서 아카시아로 불리는 식물은 미국 원산으로 아까시나무가 올바른 이름이다.
2 프랑스 남부 마르세유에서 이탈리아 국경에 이르는 지중해에 면한 지역.
3 미모사는 1880년경 프랑스 남부에 처음 소개되었다. 1월이면 꽃을 피웠으며 코트다쥐르 해안을 따라 여러 도시를 거치며 130km가량 이어지는 '미모사 루트'는 관광 명소이기도 하다. 2월에는 이 지역 각 도시에서 미모사 축제가 열린다.
4 사해동포주의, 인도주의, 개인주의, 합리주의, 자유주의 이념을 바탕으로 상호 친선, 사회사업, 박애 사업 따위를 벌이는 세계 민간단체.
5 인도 신화에 나오는 향기를 먹고 사는 요정. 힌두교, 불교, 자이나교 등 인도 종교에서 천상의 존재에 속한다. 신들을 위해 음악을 연주하는 음악의 요정이기도 하다.

우정, 친절,
변치 않는 애정, 추억

ZINNIA

백일홍

백일홍의 고향인 멕시코에서 아즈텍인들은 이 꽃을 못생겼다고 여겨 '말 데 오호스mal de ojos', 즉 '사악한 눈'[1]이라고 불렀다. 하지만 다행히도 그들과 의견이 달랐던 식물학자들이 백일홍을 유럽으로 가지고 갔고, 18세기 스웨덴 식물학자 린네는 이 꽃에 '지니아zinnia'라는 이름을 붙여 주었다. 안과 의학 분야에서 중요한 발견을 한 독일 의사, 요한 고트프리트 친Johann Gottfried Zinn[2]의 이름을 딴 것이다. 데이지보다 색상이 다채롭고 장미보다는 소박한 백일홍은 이후 정원에서 특히 사랑받는 꽃 중 하나가 되었다. 재배가 쉬운 덕분에 어디에서나 볼 수 있었고, 그 때문에 '가난한 이들의 꽃'이라고 불린 시절도 있었다. 하지만 꺾은 후에도 오래도록 생생해 대서양 너머에서는 '젊음과 노년youth and old age'이라는 철학적인 별명을 얻기도 했다. 하얀 백일홍은 친절을, 노란 백일홍은 추억을, 분홍 백일홍은 변치 않는 애정을 의미하는 등 색깔마다 전하는 말이 다르므로 꽃다발을 만들 때는 이 점을 고려해야 한다. 다채로운 백일홍이지만 유일하게 파란색 꽃만은 피우지 않는다.[3] 다양한 빛깔의 백일홍으로 만든 꽃다발을 멀리 있는 친구에게 선물하는 것은 전 세계 어디에서나 소중한 마음을 전하는 방법일 것이다.

---

1 사시(邪視). 악의적으로 상대방을 노려보는 것으로 대상자에게 저주를 거는 마력을 뜻한다. 사안(邪眼), 마안(魔眼), 악마의 눈, 이블 아이(evil eye)라고도 한다.
2 1727~1759, 독일의 해부학자이자 식물학자. 1755년 안구와 안와의 해부학적 구조를 상세하게 기술한 《인간 눈 해부학》을 출판했다. 눈의 섬모체와 수정체를 잇는 섬유를 '진소대'라고 부르는 것도 그의 이름 '친(zinn)'에서 유래했다.
3 자줏빛 혹은 보랏빛이 도는 붉은 계열 꽃을 오래도록 피운다고 하여 우리나라에서는 '백일홍(百日紅)'이라 부른다. 오늘날 원예 품종으로 개량해 푸른 색조를 제외한 여러 빛깔 백일홍을 재배한다.

영성, 결혼,
모성, 순결

백합

LILY

크고 향기로운 백합꽃은 이스라엘 민족의 전통으로 성경에도 등장할 만큼 유서가 매우 깊다. 로마 시대 유대인의 무덤 비석에는 백합 꽃잎 여섯 장을 새겼는데, 이 패턴 양식은 육각별의 탄생에도 모티프가 되었다.[1] 마태복음Matthew[2]에는 "들의 백합화가 어떻게 자라는가 생각하여 보라. 수고도 아니 하고 길쌈도 아니 하느니라. 그러나 내가 너희에게 말하노니 솔로몬의 모든 영광으로도 입은 것이 꽃 하나만 같지 못하였느니라."[3] 이처럼 백합을 찬미하는 멋진 구절도 있다. 기독교 문화에서 백합은 무엇보다도 성모 마리아를 떠올리게 한다. 대천사 가브리엘Gabriel[4]이 성모 마리아에게 백합 다발을 건네며 아기 예수 출산을 알리는 장면을 그린 회화 작품도 여럿 존재한다. 한편 그 이전 그리스 신화에서 이미 백합은 결혼과 풍요의 여신 헤라의 젖에서 태어났다고 전했다. 줄곧 인간에게 영적인 영감을 준 이 꽃은 언제나 지속적인 결합과 모성을 상징했으며, 결혼식 부케에 백합이 자주 쓰이는 것도 바로 이 때문이다. 1681년에 간행된 일본에서 가장 오래된 식물학 저서에도 하얀 백합은 순결의 상징으로 기술되었다. 한편 보다 보편적으로는 색깔에 따라 전하는 메시지가 다양해 주황색은 열정을, 노란색은 기쁨을 뜻한다.

---

1 유대교와 유대인을 상징하는 표식인 '다윗의 별'을 이른다. 다윗 왕의 아들 솔로몬 왕이 이스라엘과 유대를 통합한 후 이를 유대 왕의 문장으로 삼았다고 전해진다.
2 마태오가 저술한 예수의 어록을 바탕으로 기록된 복음서로 신약성경의 첫 권이자 세 개의 공관복음서 중 하나다. 예수의 족보, 예수의 탄생, 요단강에서의 세례, 광야의 유혹, 산상 설교, 최후의 만찬, 십자가와 부활 등이 기록되어 있다. 개신교에서는 마태복음, 가톨릭에서는 마태오 복음서라고 부른다.
3 마태복음 6장 28~29절, 대한성서공회 성경 인용. 공동번역성서는 들꽃으로 표기했다.
4 계시를 담당하는 천사로 구약에서는 다니엘이 본 환영을 해석해 주고, 신약에서는 마리아에게 세례 요한의 탄생과 예수의 탄생을 알려 주었다.

신중함, 사랑,
관능적인 욕망

베고니아

BEGONIA

덩이줄기 식물인 베고니아는 남아메리카와 앤틸리스제도에서 유래했다. 빅토리아 시대에 영국으로 건너와 신중함과 조심스러움의 상징이 되었고, 그 때문에 사랑하는 사람에게 주는 선물로는 적합하지 않았다. 베고니아는 북한의 상징으로 평화와 정의, 사랑을 뜻한다. 46세 생일을 맞은 김정일을 위해 '김정일화'라는 교배종이 만들어지기도 했다.[1] 일본에서는 베고니아를 길한 꽃으로 여겨 만화에도 자주 등장하는데 타인에 대한 배려, 조건 없는 사랑 등을 주로 나타낸다. 한편 힌두교에서는 꽃잎 여러 장이 겹쳐 핀 모습에서 관능적인 욕망을 보고, 인도와 히말라야에서는 인간에게 평온과 고요를 가져다주는 바이털 에너지의 두 기둥인 태양 신경얼기와 뿌리 신경얼기를 떠올린다.[2]

---

[1] 1988년, 김정일의 46세 생일에 한 일본 식물학자가 품종 개량한 베고니아를 선물했다. 이 꽃은 2004년에 미국 베고니아 협회 신품종 991호로 등록되었으며 학명은 *베고니아×투베리브리다 김정일화*(*Begonia×tuberhybrida* 'Kimjongil-hwa')다.

[2] 차크라(chakra)는 산스크리트어로 '바퀴', '순환'이라는 뜻으로, 인체 여러 곳에 흩어져 존재하는 정신 에너지의 중심점을 이른다. 정수리와 척추를 따라 7개의 차크라가 존재하며 명상과 신체 수련에서 중요시한다. 첫 번째 차크라가 척추 끝의 뿌리 신경얼기(물라다라), 세 번째 차크라가 배꼽 부근에 있는 태양 신경얼기(마니푸라)다.

신뢰, 신실,
자신감

베로니카

WAYSIDE SPEEDWELL

베로니카는 나병[1]으로 생긴 상처 치료에 효능을 보여 '나병 환자들의 허브'라고 불리기도 한다. 꽃의 형태를 자세히 들여다보노라면 아직 다 그리지 못한 사람의 얼굴처럼 느껴지는데 마치 두 눈처럼 생긴 꽃밥[2] 때문이다. 그래서 이탈리아인들은 베로니카를 예수의 어머니 '마리아의 눈'이라고 부른다. '베로니카'라는 이름 또한 꽃잎 중앙 주변에 난 창백한 반점이 예수의 수의壽衣를 닮았다고 하여, 그 수의를 거둔 성녀를 기억하고자 하는 데서 비롯했다.[3] 성경 속 신화와 마찬가지로 베로니카 꽃말은 무척 감성적이다. 사랑하는 사람에게 베로니카 꽃다발을 선물하면서 우리는 "당신의 얼굴이 나의 가슴에 새겨져 있다"라고 말한다. 앵글로·색슨 문화권에도 베로니카와 관련한 전설이 하나 전해진다. 다친 수사슴 한 마리가 베로니카가 만개한 풀밭에 몸을 굴려 상처를 치유하는 모습을 본 목동이 그 사실을 병든 왕에게 알린 덕분에 왕의 병 역시 씻은 듯이 나았다고 한다.

---

[1] 나병균이 피부와 점막을 통해 감염되는 만성 전염병. 피부에 살점이 불거져 나오거나 반점 같은 것이 생기고 상처 부위의 감각이 마비된다. 눈썹이 빠지고 손발이나 얼굴이 변형되며 눈이 잘 보이지 않게 된다.
[2] 식물 수술 끝에 붙은 화분과 그것을 싸고 있는 화분낭을 통틀어 이르는 말.
[3] 십자가를 짊어지고 형장으로 향하는 예수의 땀을 한 예루살렘 여인이 닦아 주었는데, 그 수건에 예수의 얼굴이 찍혔다고 전해진다. 이후 사람들은 이 여인을 성녀 베로니카(Veronica)로 섬기고, 그 수건은 성 베로니카의 베일, 혹은 성 베로니카의 수의라고 부른다.

에로티시즘 # 벨라도나

BELLADONNA

흔히 벨라도나라고 불리는 이 꽃의 학명은 *아트로파 벨라도나Atropa belladonna*로 '아름다운 여인'이라는 뜻이다. 고대부터 사용되어 당시 로마 여성들은 벨라도나 쭉정이 즙 한 방울을 눈에 넣어 동공을 확장시킴으로써 눈빛이 더 그윽해 보이도록 했다.[1] 그리스 신화에서 포도주의 신, 디오니소스Dionysos의 팔에 안기기 전에 마이나데스Maenades[2]가 술을 마시고 어지러이 춤을 추며 벨라도나 즙을 눈에 넣는다. 이렇듯 성적인 욕망을 자극하기 위해서 벨라도나를 사용하는 행위는 르네상스 시대까지 지속되었다. 하지만 벨라도나는 독성이 있어 인간에게 매우 위험한 식물이기도 하다.[3] 이집트의 클레오파트라Cleopatra[4]가 경쟁자를 제거하거나 반역자로 의심되는 사람들을 처리할 때 이 꽃을 자주 활용했다고 전해진다. 숲 가장자리에서 자라는 이 야생 식물을 발견하기는 쉽지 않았다. 중세 시대에는 '악마의 체리'라고 불렸는데, 사람을 고통받으면서 빨리 죽게 하는 흑마술에 널리 사용되었다고 알려진다. 오늘날에는 신경통과 종양 완화 효과가 있는 약용식물로 알려져 파스 성분으로 쓰이며, 적절한 양을 사용하면 강력한 진통 효과를 발휘해 일부 의약품의 원료가 되기도 한다.

---

[1] 벨라도나에서 추출되는 아트로핀이라는 성분이 부교감신경을 차단하거나 교감신경을 활성화해 눈동자가 커지는 효과를 낸다.
[2] 그리스 신화에서 디오니소스를 섬기는 여자들. 솔방울을 단 등나무 지팡이를 휘두르면서 노래하고 춤추는 모습으로 등장한다. '광란하는 여자들'이라는 뜻이다.
[3] 꽃, 잎, 열매 모든 부위에 독이 있으며 특히 열매는 블루베리와 유사해 오인할 위험이 크다. 먹으면 목숨을 잃을 수도 있다.
[4] BC 69~BC 30, 고대 이집트 프톨레마이오스 왕조의 여왕. 악티움 해전에서 옥타비아누스에게 패하자 독사로 가슴을 물게 하여 스스로 목숨을 끊었다고 한다.

즐거움,
활력

BORAGE

보리지

푸른 보리지는 실내를 아름답게 장식하는 데에 적합한 식물이지만, 무엇보다도 기운을 돋우는 강장제 성분으로 잘 알려져 있다. 고대 로마의 플리니우스는 지중해에서 자라는 이 식물을 '에우프로시눔euphrosynum'이라고 불렀다. 보리지가 젊은 사람들뿐만 아니라 노인들까지 행복감, 유포리아euphoria[1]를 느끼게 한다는 사실을 발견했기 때문이다. 고대 예언가들에 따르면 유피테르Jupiter[2]조차 보리지로 우울한 기분을 떨쳤다고 한다. 호메로스는 《오디세이》에서 "이 즙을 섞은 음료를 마신 후에는 부모의 죽음을 알게 되어도 눈물을 흘리지 않았다"라고 보리지를 언급했다. 로마 군인들이 전투 전 보리지 와인을 마셔 사기를 올렸으며, 중세 시대 남자들은 여성을 더욱 쉽게 손에 넣기 위해 보리지 달인 물을 마시게 해 최음제 효과를 보았다는 내용도 함께 기록되어 있다. 빅토리아 시대 영국인들이 탄생시킨 꽃들의 비밀스러운 언어에서, 애절한 사랑 편지를 쓰며 '보리지'를 언급하는 것은 강렬한 감정을 끌어내기 위한 은밀한 방법이었다. 시금치와 사촌 격이어서 새로운 미각적 발견을 선사하기도 하는 보리지는 한편으론 정원 한쪽에서 자라는 잡초와 종종 혼동되기도 한다.

---

[1] 그리스어에서 유래한 단어로 신체적, 정신적 유쾌를 수반하는 극도의 희열, 강렬한 흥분 상태를 말한다.
[2] 하늘과 천둥의 신이자 로마 신화 최고의 신으로 그리스 신화의 제우스에 해당한다.

장수, 동정,
순수

복사나무

PEACH BLOSSOM

복사나무는 이란에서 흔히 볼 수 있어 붙여진 학명대로 프루누스 페르시카*Prunus persica*라고도 불리지만 사실 중국에서 기원했다.[1] 알렉산드로스 대왕 시절 카라반이라 불리던 대상隊商들이 그리스로 가지고 온 복사나무는 곧 유럽 남부 전역에 퍼졌다. 중국에서 복사나무는 상징성이 풍부한 나무 중 하나다. 중국인들은 복사나무 목재와 복숭앗빛이 악마를 쫓고 꽃잎은 인간을 매혹한다고 믿었으며 '천년마다 익는' 열매는 불멸을 가져온다는 전설도 널리 전해진다. 전설 속 식물은 쿤룬산맥崑崙山脈[2]에 있는 신녀 서왕모西王母의 정원에서 자란다고 알려졌다. 또한 중국에서는 설날이면 악령을 쫓기 위해 복사나무 가지를 집 문 앞에 매달고, 장수를 기원하며 복숭아꽃 문양 화병을 선물하기도 한다. 같은 목적으로, 작은 복사나무 목제 조각상을 빚는 관습도 있다. 일본에서는 복사나무가 순결과 순수를 상징해 결혼식에 흔히 쓰인다. 한편 베트남에서는 그 붉은 꽃에 얽힌 한 중국인 소녀와 가난한 산골 소년의 아름답고 비극적인 사랑 이야기가 전해진다. 뗏Tết[3] 명절이면 복사나무 꽃가지를 단지에 심는 풍습도 있다.

---

1 프루누스(Prunus)는 벚나무속, 이른바 살구속 식물로, '페르시아산 살구'라는 뜻이다. 로마 시대 유럽인들이 페르시아에서 복숭아를 들여오면서 원산지를 착각해 붙은 학명이다.
2 Kunlun, 중국 티베트고원과 타림분지 사이를 동서로 뻗은 산맥으로 장장 2,400km에 이른다.
3 '뗏'은 '절(節)'을 의미하는 베트남어로, 원래 설날을 가리킬 때는 뗏응우옌단(Tết Nguyên Đán)이라고 한다. 새해를 축하하는 베트남 문화에서 가장 큰 명절 중 하나이므로 '뗏'이라고 줄여 부르는 것으로 굳어졌다. 봄의 시작을 알리는 날로 여기기도 한다.

수줍은 사랑,
희망, 소생

분꽃

FOUR-O'CLOCK

남아메리카가 원산으로 '페루의 경이marvel-of-Peru'라고도 불리는 분꽃에는 매우 독특한 성질이 있다. 햇빛을 받아야 자라지만 꽃은 오로지 그늘에서만 핀다. 자가수정을 하기도 하지만 두 마리 불나방[1]의 도움을 받아 번식하기도 한다. 열대지방의 온화한 기후에서 잘 자라지만 저 멀리 여행을 떠나 일본이나 알래스카에 정착하는 데에도 성공했다. 또한 한 번에 여러 가지 색상의 꽃을 피운다. 14세기 초, 매혹적인 향기에 사로잡힌 아즈텍인Aztec이 처음으로 재배에 성공했고, 덩이줄기 뿌리에 분포한 환각제와 최음제 성분을 발견한 뒤로 더욱 공들여 키웠다. 분꽃의 약용 성분 효능은 아마존 전 지역에 걸쳐 널리 알려졌다. 밤에 꽃을 피우고, 다음 해 다른 식물들의 양분이 되는 씨앗을 남기는 분꽃은 희망과 소생을 상징한다. 미국 루이지애나 지역 무덤 주변에서 흔히 볼 수 있는 것도 이 때문이다. 분꽃을 선물하는 것은 꽃의 말로 "수줍어요" 혹은 "오늘 밤은 안 돼요"라는 뜻이다.

---

1   무늬가 화려하고 온몸에 어두운 갈색 털이 빽빽이 나 있다. 부나방, 부나비라고도 한다.

좋은 소식,
열정, 신뢰, 왕권

붓꽃

IRIS

그리스 신화에서 이리스Iris[1]는 신들의 전령으로 오로지 좋은 소식만을 전하며 헤라 여신의 총애를 받는다. 신들의 메시지를 인간에게 전할 때에는 무지개를 타고 다녔는데, 여러 전설에 따르면 비가 온 후에는 날씨가 맑아질 것을 알리고 그에 대한 감사를 표하기 위해 무지개로 변해서 지상에 나타난다고 한다. 붓꽃은 13세기에 이르러서야 세상에 알려졌고 하얀 꽃은 열정을, 파란 꽃은 자신감을 상징해 왔다.[2] 프랑스에서는 왕실의 꽃으로 귀하게 대접받으며 강력한 군주제의 엠블럼으로 쓰였는데 흔히 백합으로 알려졌지만 실은 붓꽃이다. 프랑스 최초의 기독교 왕이라 일컬어지는 클로비스 1세Clovis I[3]는 전쟁을 앞두고 한 은둔자에게서 방패를 건네받는다. 천사가 내려주었다고 하는 그 방패에는 멋진 붓꽃 장식이 새겨져 있었다. 그 방패를 들고 서고트족Visigoth[4]과 맞붙은 중요한 전투[5]에서 승리한 클로비스 1세는 그 영광을 붓꽃에 돌리며 왕족 휘장에 그 꽃을 새기도록 했다고 한다.

---

1 이리스는 무지개가 하늘과 땅을 잇듯 천상과 인간 세계인 지상, 바다와 지하 세계까지 두루 다니며 신들의 심부름을 한다. 고대 그리스어로 이리스는 무지개 혹은 달의 후광을 의미한다.
2 노란색 붓꽃도 있는데 한반도에만 분포하는 멸종 위기 식물로 노랑붓꽃이라고 불리며 학명은 *이리스 코레아나*(*Iris Koreana*)다.
3 c 466~511, 프랑크 왕국 메로빙거 왕조의 창시자. 서로마 제국 멸망 직후 권력 공백기를 틈타 군소 프랑크족을 통합해 안정된 왕국을 세웠다. 도읍을 파리로 정하고 살리카 법전을 편찬하는 등 국가 제도의 기틀을 마련했으나 이 과정에서 폭정을 일삼았다.
4 고대 게르만 민족의 한 부족. 흑해 북쪽에 살았으나 4세기 말 무렵 훈족에게 밀려나 남쪽으로 옮겼다. 5세기 초 로마를 멸망시키고 갈리아 남쪽에서 스페인에 걸쳐 서고트 왕국을 세웠다.
5 푸아티에 부근 부이예에서 클로비스 1세는 서고트 왕국 군대를 크게 격파했다. 곧장 서고트 왕국 전체를 정복하려 했으나 동고트 왕국의 저지로 실패했다.

풍미,
건강, 성性

사프란

SAFFRON

고대부터 유명하여 세상에서 가장 오래된 향신료인 사프란은 오랫동안 인도 카슈미르에서 유래했다고 여겨졌다. 그러나 최근 연구에 따르면 크레타섬[1]이 사프란의 기원으로 밝혀졌다. 사프란은 크로커스 중에서도 푸른빛을 띠는 꽃을 이르기 때문에, 사프란과 크로커스의 탄생 설화는 동일하다. 아름다운 청년 크로커스Crocus는 죽어 한 송이 꽃으로 피어났으며, 그의 피로 물든 꽃의 암술은 붉은빛을 띤다. 그리스 라틴 신화에 따르면 유피테르는 정력을 끌어올리고 상대의 열정에 불을 지피기 위해 자신이 정복한 여성을 사프란 침대에 눕혔다고 한다. 또한 이 최고 신의 정액에서 사프란이 탄생했다고 전해진다. 최음제에 푹 빠진 클레오파트라 여왕 또한 사프란이 든 다양한 요리를 즐겼다고 한다. 하지만 사프란을 최초로 언급한 글이 등장한 것은 5,000년 전으로, 페르시아 왕 자하크Zahhak[2]가 송아지 요리의 맛을 끌어올리기 위해 포도주와 사프란, 장미수를 사용했다는 기록이다. 사프란이 내는 빛깔은 불교에서도 신성하게 여긴다. 모든 신자가 이르러야 할 영성의 마지막 단계인 깨달음을 상징하는 색으로, 승려들의 의복을 염색하거나 제단에서 쓰는 물을 물들이는 데에 사용한다.[3]

---

[1] 지중해 동부, 에게해 남쪽 끝에 있는 섬으로 그리스령이다. 그리스 문화의 효시인 고대 크레타 문명의 중심지다.
[2] 페르시아 전설에 등장하는 사악한 왕으로 인간의 모습이지만 양 어깨에는 뱀 머리가 돋았다. 아버지를 죽이고 왕위에 오른 후 폭정을 펼쳤다.
[3] 2007년 미얀마에서 승려들이 사프란으로 염색한 주홍빛 법복을 입고 나섰던 민주화 시위를 '사프란 혁명'이라고 부른다.

순수,
순결

산사나무

HAWTHORN

산사나무속의 학명 크라타이구스Crataegus는 그리스어 '크라토스kratos'에서 유래했으며 '힘'이라는 뜻이다. 무시무시한 가시를 지닌 채 400년 넘게 사는 이 야생 장미나무보다 생명력이 강한 식물은 없다. 산사나무가 꽃을 피우는 5월은 아주 오래전부터 새로운 봄의 시작을 알리는 달로 여겨졌으며 젊은 여성들과도 연관되고는 했다. 피에르 드 롱사르Pierre de Ronsard[1]를 비롯한 많은 시인이 산사나무를 기리는 한편, 그 꽃은 순결과 순수의 상징으로 여겨 종교 의식이나 결혼식에 활용했다. 그리스 신화에서 제우스Zeus의 아내 헤라Hera는 그저 이 나무를 만지기만 했는데 임신했다고 전해진다. 고대의 이러한 믿음이 기독교에도 그대로 이어져 산사나무는 성모 마리아의 상징이 되었다. 널리 퍼진 어느 전설에 따르면 예수 그리스도의 어머니인 마리아는 가시가 잔뜩 돋친 산사나무 가지에 아기를 감쌌던 천을 널어 말렸다고 한다. 산사나무에 여러 불가사의한 힘이 있다고 여긴 민간신앙에서는 이 나무가 어떤 혹독한 날씨나 나쁜 일도 막아 준다고 믿었다. 중세 사람들은 산사나무 조각을 목에 걸어 폭풍과 유령을 쫓았으며 집 안 다락에 그 가지를 두어 집을 보호했다. 시골 마을에서는 집 현관 양쪽이나 목초지 주위로 산사나무 덤불이 심긴 광경을 볼 수 있는데, 이는 해로운 동물이 집 안으로 들어오는 것을 막기 위한 장치였다.

---

[1] 1524~1585, 프랑스어 옹호 운동에 힘쓴 프랑스의 궁정 시인. 작품으로 《연애 시집》, 《엘렌의 소네트》, 《제일 오드 시집》 등이 있다. 〈산사나무〉라는 시에서는 "살아라, 달콤한 산사나무여/ 끝없이 살아라/ 천둥조차 겪지 말고/ 도끼도, 바람도/ 시간도 모른 채 살아라"라고 노래했다.

배반,
고양

수국

HYDRANGEA

명나라 때부터 상하이 지역 사람들은 집 정원에서 수국을 길렀다. 꽃잎이 겹겹이 피어난 화려한 모습은 중국 고전 회화에서 쉽게 발견할 수 있으며 일본인들은 수국이 일본열도에서 탄생해 중국으로 건너갔을 것이라고 추측한다. 부처의 탄생과 관련된 일화가 있는데 용 아홉 마리가 갓 태어난 아기 부처에게 수국 차를 뿌렸다는 내용으로, 실제 불교 의례에서 수국 차를 볼 수 있다. 수국에 '오타크사Otaksa'라는 종 이름을 붙인 사람은 독일인 식물학자로, 그의 정부이자 오사카 환락가에 살던 게이샤였던 오타키에게 바치기 위한 것이었다. 그는 1823년, 처음으로 수국을 유럽에 가져갔다.[1] 19세기 여러 유럽 탐험가들이 중국과 일본에서 들여온 다양한 수국 묘목은 이후 영국과 프랑스 브르타뉴 지방에 수월하게 적응해 갔으며 토양에 따라 꽃잎 색깔이 다채롭게 변한다.[2] 일본 시인들은 생각의 끈을 놓고 명상에 잠기게 한다 하여 그 다양한 색채를 찬미했다. 바로 이런 특성 때문에 사무라이들은 수국 재배를 금기로 삼았다. 푸른빛에서 장밋빛으로 색깔이 변하는 것을 배신의 상징으로 여겼기 때문이다.

---

[1] 학명 하이드란기아 오타크사(*Hydrangea otaksa*)의 기원에 대해 이와는 다르게 전해지는 부분이 있다. 오사카가 아닌 나가사키가 배경으로, 당시 의사이자 생물학자이던 필리프 프란츠 폰 지볼트(Philipp Franz von Siebold, 1796~1866)는 유녀 오타키와 사랑에 빠져 결혼하고 딸을 낳는다. 하지만 당시 나가사키 데지마섬에는 네덜란드인만 거주할 수 있어 지볼트는 추방당하고 만다. 두 사람의 딸인 구스모토 이네(楠本イネ)는 이후 일본에서 최초의 부인과 의사가 된다. 지볼트는 아내를 사랑하는 마음으로 꽃 이름을 지었으나 이 학명은 이명으로 판명되어 무효화되었다. 나가사키시는 수국을 시화로 지정하고 수국속 꽃을 모두 '오타쿠사(おたくさ)'나 '오타키상하나(お滝さん花)'라고 부른다고 한다. 한편 지볼트는 한반도에 머물며《조선견문기》를 쓰기도 했다.
[2] pH 7 미만의 산성 토양에서는 파란색에 가까운 꽃을 피우는 반면, pH 7 이상의 알칼리성 토양에서는 분홍색에 가까워진다. 식물에 흡수되는 알루미늄 이온이 꽃의 색소에 변화를 일으키는 원리다.

피어나는 사랑,
진실함

수레국화

CORNFLOWER

순수하다고 할 만큼 푸른 수레국화의 은은한 빛깔은 섬세한 감정을 전하는 데에 알맞다. 이제 막 피어나는 사랑을 *센토레아*Centaurea, 즉 수레국화와 처음으로 연결 지은 것은 동양인들이었다. 그리고 아랍 정복자들은 프랑스 시골로 이 믿음을 전파했다. 야생화인 수레국화는 여름이면 밀밭에서 흔히 볼 수 있는데, 사람들은 수줍은 사랑을 고백하고 마음을 전하기 위해 이 꽃으로 꽃다발을 만들어 선물하고는 했다. 젊은 시골 여성들은 자신이 영혼의 동반자, 혹은 마음속에 품은 이상적인 남자를 찾고 있음을 드러내기 위해 이 꽃을 머리에 꽂거나 가슴에 달았다. 수레국화는 여러 나라에서 진실함을 상징해 에스토니아, 스웨덴, 핀란드 같은 유럽 국가 국기에 그려지거나 정치 정당의 엠블럼으로 쓰이며, 특히 독일에서는 여성 전쟁 영웅으로 그려질 정도로 인기가 높다. 프로이센Preussen[1]의 루이제 왕비Luise Herzogin zu Mecklenburg-Strelitz[2]가 나폴레옹 1세Napoléon Bonaparte의 군대를 피해 아이들과 함께 수레국화가 핀 들판으로 도망갔다고 전해진다.[3]

---

[1] 독일 북동부, 발트해 기슭 지방으로 1701년에 프로이센 왕국이 건립되었으나 2차 세계 대전 후 소련 및 폴란드에 점령되어 이름마저 사라졌다. 1918년까지 존속한 독일 제국의 중심 역할을 한 국가이기도 하다.
[2] 1776~1810, 프로이센 국왕 프리드리히 빌헬름 3세의 아내. 나폴레옹이 이끄는 프랑스군에 패해 영토를 점령당했을 때 조금이라도 나은 조건으로 전후 조약을 체결하기 위해 애썼으며 남다른 용기와 아름다움, 미덕을 갖춰 국민들에게 큰 사랑을 받았다. 나폴레옹은 루이제 왕비를 두고 "나의 아름다운 적"이라고 말했다.
[3] 루이제 왕비는 푸른 수레국화가 핀 들판에 몸을 숨긴 채 화관을 만들며 아이들을 달랬다고 한다. 이 아이들 중 하나가 훗날 빌헬름 1세 황제로 등극하고, 프랑스의 보나파르트 왕조를 무너뜨리는 데 일조한다.

풍부, 비옥,
죽음

수련

WATER LILY

수련을 뜻하는 프랑스어 네뉘파르nénuphar는 '아름다움'을 뜻하는 이집트어 '나누파르nanouphar'에서 유래했다. 연못에 서식하는 수생식물인 수련은 마야 문화에서도 흔적을 발견할 수 있는데, 대지와 물, 초목, 땅속 세계까지 모두 연결하는 풍요와 다산을 구현한다. 진흙으로 검고 탁해진 물 위에 뜬 채 아침이면 꽃잎을 열었다가 저녁이면 닫는 수련은 연꽃과 마찬가지로 창조와 부활의 상징이며 그 생김새 때문에 두 꽃은 자주 혼동되기도 한다.[1] 고대에는 죽음과 장례 의식을 상징하기도 했는데, 작가 보리스 비앙Boris Vian[2]은 여기에서 영감을 얻어 《세월의 거품L'Écume des jours》이라는 소설을 썼다. 1950년대에 매우 유명했던 작품으로, 폐에서 수련이 자라 죽음에 이르는 질병을 앓는 연인이 등장하는 비극적인 사랑 이야기다. 수련을 프랑스어로 '냉페아nymphéa'라고도 하는데 이는 클로드 모네Claude Monet[3]의 작품 이름이기도 하다. 수련은 모네가 지베르니Giverny[4]의 소유지에서 유명한 〈수련〉 연작을 탄생시키는 데에도 영감을 주었다.[5] 꽃의 말로 이 아름다운 식물은 "당신의 심장은 차가워 당신을 향한 내 사랑을 붙잡을 줄 모릅니다"라고 속삭여 듣는 이의 마음을 동요하게 한다.

---

[1] '수련'은 한자로 '睡蓮'이라고 쓰는데, 물 '수(水)'라고 생각하기 쉽지만 잠잘 '수(睡)'다. 밤이면 꽃잎을 오므리고 잠을 자는 듯 보인다고 해서 붙은 이름이다.

[2] 1920~1959, 프랑스의 작가이자 시인, 음악가, 번역가, 발명가, 공학자. 과격한 표현이 가득한 통속적 작품을 써서 출판 금지 조치를 당하기도 했으며 기대한 성과를 얻지 못하자 음악가로 전향했다. 작품으로 《너희들 무덤에 침을 뱉으마》, 《붉은 잔디》 등이 있다.

[3] 1840~1926, 프랑스의 화가. 마네, 세잔 등 동시대 화가들과 함께 신예술 창조 운동에 힘썼으며, 1874년에 출품한 〈인상, 일출〉이라는 작품명에서 '인상파'라는 이름이 유래했다.

[4] 파리에서 북서쪽으로 80km 남짓 떨어진 베르농 근처 작은 마을.

[5] 모네는 지베르니 농가 주택에서 생애 마지막까지 43년 동안 지내며 정원 한편에 수련이 가득한 연못을 만들고 이를 그림에 담았다.

허영,
이기주의, 기회

수선화

NARCISSUS

수선화는 널리 알려진 신화 중 하나인 나르키소스Narcissos[1] 이야기에 등장한다. 로마 시인 오비디우스도 《변신 이야기》에서 수선화와 관련된 이 이야기를 언급한다. 전설에 따르면 갓 태어난 나르키소스를 본 한 예언가는 나르키소스가 자기 자신을 알지 못한다면 노년까지 살 수 있다고 예언한다. 소년은 커 갈수록 매우 아름다워졌고, 자기 모습을 자랑스럽게 여기는 한편 상대의 감정에는 둔감해 모든 구혼자를 거절한다. 이런 나르키소스를 열렬히 사랑했지만, 끝내 상처받은 한 님프가 네메시스Nemesis[2] 여신에게 무심한 그를 변화시켜 달라고 간청한다.[3] 어느 날 사냥에서 돌아온 나르키소스는 호수의 물을 마시다가 호수에 비친 자신의 모습을 보고 사랑에 빠진다. 이루어질 수 없는 사랑 때문에 애를 끓이던 나르키소스는 스스로 목숨을 끊고 마는데, 그 자리에 꽃이 피어난다. 물을 향해 고개 숙인 모습이 아름답지만 독성 강한 이 꽃을 사람들은 나르키소스라고 부르게 되었다.[4] 봄을 알리는 이 꽃은 황수선화[5]와 혼동되기도 한다. 중국에서는 수선화의 황금 같은 노란색을 매우 높이 평가해 풍년과 행운을 기원하며 새해 직전에 씨앗을 심는다. 수선화의 고향인 이란에서는 이 꽃을 '나르기스nargis'라고 부르는데 이 나라에서 매우 흔한 여성 이름이기도 하다.

---

1 그리스 신화에 나오는 미소년. 에코의 사랑을 받아들이지 않았다는 이유로 네메시스의 분노를 사고, 호수에 비친 자기 모습을 사랑해 그리워하다가 죽는다. 자기애, 혹은 자기도취라는 뜻의 나르시시즘이 여기에서 유래했다.
2 그리스 신화에 나오는 율법의 여신. 인간에게 행복과 불행을 분배한다고 한다.
3 어떤 이야기에서는 청년 아메이니아스 혹은 님프 에코가 저주를 빌었다고 전해진다.
4 우리나라에서는 물 위에 떠 있는 꽃의 모습이 신선을 닮았다고 하여 물 '수(水)'에 신선 '선(仙)'을 써서 수선화라고 부른다.
5 학명 *나르키수스 존퀼라*(Narcissus jonquilla)로 '존퀼', 혹은 '러시 수선화'라고도 불리며 스페인과 포르투갈이 원산지이지만 유럽과 북미, 한국과 중국에서도 자란다.

진실하고
지속적인 사랑

시클라멘

CYCLAMEN

이 섬세한 꽃을 둘러싼 여러 전설 중 한 이야기에서 솔로몬Solomon[1]은 시클라멘 꽃봉오리로 만든 왕관을 썼다고 전해진다. 하지만 유대인이 바빌론으로 추방되자 이 꽃들은 "다윗의 아들이 새로이 왕좌에 오를 때 왕관은 예루살렘으로 되돌아오고 우리는 고개를 들 것이다"라고 말하며 고개를 숙였다고 한다.[2] 고대부터 중세에 이르기까지 사람들은 이 덩이뿌리 식물이 출산을 도우며 때로는 유산을 일으키기도 한다고 믿었다. 또한 겸손한 듯 앞으로 기운 우아한 자태 때문에 르네상스 이후에는 진실하고 지속적인 사랑의 상징으로 여겨졌다. 오늘날 서양에서 장미가 그렇듯 일본에서 시클라멘은 사랑이라는 감정을 아주 훌륭하고도 명료하게 구현한다. 아랫부분에서 조밀하게 모인 보랏빛 혹은 흰색 꽃잎들은 위로 뻗으며 예쁘게 갈라지는데, 시각을 자극하는 이 독특한 형상으로 예술가들에게도 많은 영감을 주었다. 종교적인 면에서 보자면 플랑드르파Flandre派[3] 화가들은 시클라멘을 통해 그리스도의 변치 않는 사랑을 나타내고자 했다. 레오나르도 다빈치 Leonardo da Vinci 또한 자신의 노트 여백에 이 꽃을 그려 넣었다.

---

[1] BC 990~BC 931, 이스라엘 왕국 3대 왕. 왕궁과 신전을 세우고 군비를 강화해 이른바 '솔로몬의 영화'를 누렸다. 지혜로운 왕으로도 유명하다.
[2] BC 597 유다 왕국이 멸망하면서 유대인들이 신바빌로니아 제국의 수도 바빌론에 포로로 잡혀간 바빌론 유수 사건이 배경인 듯하다. 이 시기 유대인은 고난과 고통으로 민족을 단결했고, 예루살렘에 성전을 재건하여 유대교를 정립했으며, 경전을 정리해 구약 성경의 기초를 다졌다. 이 이야기와 별개로, 왕관에 꽃을 새기고 싶어 한 솔로몬 왕의 부탁을 시클라멘만이 들어주었고, 감사를 표하는 왕에게 꽃이 고개를 숙여 화답했다는 전설도 전해진다. 실제로 시클라멘 꽃봉오리는 왕관과 형태가 유사하다.
[3] 15세기 플랑드르를 중심으로 반에이크 형제가 기초를 세운 회화 중심 미술 유파.

사랑, 열정,
불변, 단념

ANEMONE

아네모네

그리스 신화에는 아네모네의 탄생 기원이 전해진다. 서풍西風의 신 제피로스Zephyros[1]가 님프 아네모스Anemos에게 반해 정신을 차리지 못하자 질투에 사로잡힌 아내가 아네모스를 꽃으로 탈바꿈시켜 버린다. 이 꽃이 바로 아네모네다. '아네모스'는 그리스어로 '바람'이라는 뜻인데, 신화뿐만 아니라 보다 대중적인 이야기에서도 이 꽃은 '바람의 소녀'라고 불렸다. 솜털로 둘러싸인 씨앗이 너무도 가벼워 바람이 아주 살짝만 불어도 날아가 버리기 때문이다. 아네모네 꽃과 관련한 또 다른 신화 속 인물도 있다. 사랑의 여신 아프로디테Aphrodite와 저승의 여왕 페르세포네Persephone의 사랑을 한 몸에 받은 아도니스Adonis다. 아름다운 청년 아도니스는 사냥 중 멧돼지에게 공격받아 치명적인 상처를 입는다. 그가 쓰러지며 피를 흘린 자리에서 피어난 꽃이 바로 아네모네다. 아네모네 종은 수십 가지에 이르는데, 유럽에서는 '왕관을 쓴 아네모네'라는 뜻의 *아네모네 코로나리아*Anemone coronaria라는 종이 큰 사랑을 받는다. 꽃말은 색깔마다 달라서 빨간색 아네모네는 열정과 인내를, 노란색 아네모네는 변치 않음을 뜻한다. 슬픔과 상실을 의미하는 보라색 아네모네는 애도를 표할 때 알맞다. 나라마다 선호하는 품종이 다른데, 일본에서는 야생 덤불인 *아네모네 후페헨시스 Anemone hupehensis*[2]의 인기가 높다.

---

[1] 그리스 신화에 나오는 바람의 신 아네모이 중 하나로 부드러운 서풍을 인격화했고, 고대 그리스에서는 봄의 전령이자 씨앗을 자라게 하는 신으로 숭배했다.
[2] 한국, 일본, 중국에 서식하는 아네모네 품종으로 '서리를 기다리는 꽃'이라는 뜻의 대상화, 혹은 바람꽃이라고도 불린다. 가을에 주로 분홍색과 흰색 꽃이 핀다.

빛, 순결,
구원

아룸

ARUM

선과 면, 형태를 이루는 생김새가 매우 화려해 시선을 끄는 이 꽃은 고대 로마 시대부터 종교 의식과 깊은 연관이 있었다. 빛의 상징으로 칭송받는 한편, 애도를 표해 장례식에서도 볼 수 있었다. 로마인들은 동짓날에 해당하는 무적 태양 탄신일이 되면 1년 중 가장 어두운 시기를 견디게 해 줄 빛을 소망하며 아룸을 심곤 했다. 이후 시간이 지나면서 아룸의 아름다움과 새하얀 빛깔은 순결의 상징이 되어 결혼식에서 신부가 부케로 들기도 한다. 남아프리카 원산 *잔테데스키아 아이티오피카Zantedeschia aethiopica*[1]가 흔한 종 중 하나인데, 이름과 달리 에티오피아Ethiopia[2]가 아닌 레소토Lesotho,[3] 에스와티니Eswatini[4]에서 기원했으며 맹그로브 숲mangrove[5] 그늘이나 늪지대에서 자란다. 악행과 오점에 대해 속죄하고 얻은 구원, 그리고 순수를 상징하는 아룸은 19세기에 미국으로 건너간 후 빠르게 인기를 얻으며 오늘날 미국인이 유난히 좋아하는 꽃 중 하나가 되었다. 보다 현대적인 상징으로, '백합의 여인lady of the lilies'이라는 표현이 아룸에서 비롯했다.[6] 이 꽃의 관능적인 형태를 여성의 성性을 표현하는 상징으로 여긴 정신분석학자 지그문트 프

---

1 '칼라'라는 이름으로 잘 알려졌으며 칼라 릴리(calla lily), 아룸 릴리(arum lily)라고도 불린다. 이름과 생김새 때문에 백합(lily)과 혼동되기 쉽지만 칼라는 천남성과(Araceae), 백합은 백합과(Liliaceae)로 달리 분류된다.
2 아프리카 동부에 있는 국가로 커피, 피혁을 주로 생산한다.
3 아프리카 남부에 있는 왕국. 국토 대부분이 고원 지대다.
4 스와질란드라고도 하는 아프리카 남부의 입헌 군주국. 농업과 목축업이 주요 산업이다.
5 아열대나 열대 해변, 하구 습지에 조성되는 숲. 잘 자란 맹그로브 뿌리가 복잡하게 얽힌 모습이 괴상하다.
6 기독교 구약 성경 중 한 편인 아가(雅歌) 2장 2절에 "여자들 중 내 사랑은 가시나무 가운데 백합화 같도다"라는 구절이 나온다. 아가에서 이야기하는 이 여성은 성모 마리아로 해석되며 그 상징으로 완벽한 아름다움과 순결을 의미하는 백합이 쓰이곤 한다. 고전 명화에서도 백합과 성모 그림을 많이 볼 수 있다. 다만 본문에서 '보다 현대적인 상징'이라고 한 것으로 보아 여기에서 가리키는 '백합의 여인'은 화가 조지아 오키프(Georgia O'Keeffe)일 듯하다.

로이트Sigmund Freud[7]의 관점에 영향을 받아 당시 많은 화가들이 이 꽃을 즐겨 그렸다.[8]

---

[7] 1856~1939, 오스트리아의 심리학자이자 신경과 의사로 잠재의식을 바탕으로 한 심층 심리학을 정립했다. 저서로 《꿈의 해석》, 《정신분석학 입문》 등이 있다.
[8] 프로이트가 《성욕에 관한 세 편의 에세이》(1905)에서 칼라꽃의 성적인 생김새에 관해 쓴 이후 많은 사람이 이 꽃의 구조와 모양에서 생식기를 연상하게 되었다. 이에 영향을 받은 예술가들도 꽃에서 에로틱한 의미를 찾는 경향을 보였다. 칼라꽃을 그린 화가로는 마스든 하틀리(Marsden Hartley), 맨 레이(Man Ray), 조지프 스텔라(Joseph Stella), 살바도르 달리(Salvador Dali) 등이 있으며 이 중에서도 1930년대에 그린 칼라 릴리 그림으로 유명한 조지아 오키프는 '백합의 여인'이라는 별명을 얻었다.

효용

FLAX

아마

아마亞麻는 지구상에서 가장 오래 재배해 온 자연 섬유다.[1] 아마 씨앗의 흔적은 3만 6,000년 전 그루지야Gruziya[2]에서 처음 기록되었다. 따라서 아주 오랫동안 거의 모든 종교 의식에 쓰였을 것으로 보인다. 구약 성경에 등장하는 야곱Jacob[3]의 아들 요셉Joseph[4]도 아마 직물로 짠 옷을 걸쳤다고 전해진다. 이뿐만 아니라 성경에는 냅킨, 식탁보, 망태, 깃발 등 아마 직물로 만든 물건이 많이 등장한다. 고대 이집트에서는 섬세한 아마 직물 띠로 미라를 감쌌는데, 망자의 시신 곁에 아마 씨앗을 놔두어 저승에 가져갈 수 있도록 했다. 아마를 직물로 활용한 문화는 게르만 신화의 전설에서 처음 발견된다. 여신 프라우 홀레Frau Holle[5]가 인간에게 가르쳤으며, 오늘날 오스트리아 티롤주Tyrol[6] 운터라센Unterlassen 인근에 있는 동굴을 통하면 프라우 홀레의 성으로 들어갈 수 있다. 그 지역 농민들은 꽃이 활짝 핀 아마 들판에 축복을 내린 프라우 홀레 여신이 언제나 그 동굴에 머무른다고 믿는다. 아마는 북아일랜드와 벨라루스Belarus[7]의 국가 상징이기도 하다.

1 아마 실로 짠 얇은 직물이 우리가 흔히 아는 '리넨'이다. 굵은 실로 짠 것은 양복감으로 주로 쓰이고 가는 실로는 셔츠, 손수건, 실내 장식품 따위를 만든다.
2 현재 유럽 동부에 있는 조지아. 캅카스산맥 남쪽에 위치하며 서쪽은 흑해에 면한다. 소비에트 연방이 해체되면서 1991년에 독립했다.
3 이삭의 아들로 쌍둥이 형 에서를 속여 장자권을 빼앗았으며, 후에 신의 축복을 받아 '이스라엘'로 개명했다. 자식 12명이 이스라엘 열두 부족의 조상이 되었다.
4 아버지의 사랑을 독차지한다는 이유로 형들의 미움을 사서 이집트에 노예로 팔려 갔다. 하지만 그곳에서 오히려 크게 출세해 훗날 곤궁한 아버지와 형들을 맞아들인다.
5 게르만 민족의 여신. 우물 바닥에 살며 방직과 직조 마법으로 영혼과 인간 세상을 연결한다. 아마를 리넨으로 만드는 기술을 인간에게 처음으로 전수했다고 전해진다.
6 오스트리아 서부에 있는 주. 겨울 스포츠를 즐기는 관광객들로 붐비며 주도는 인스브루크다.
7 러시아 서쪽, 우크라이나와 폴란드에 접한 공화국.

우정,
영원한 절개, 죽음

아이비

IVY

아이비는 볼품없는 담장에 바짝 붙어 자라면서도 사계절 내내 싱그러운 푸르름을 유지한다. 이러한 이유로 변치 않는 깊은 감정과 애착의 상징이 되었다. 이 덩굴식물은 어두운 공간을 밝혀 주고 애써 관리하지 않아도 잘 자라며 쉽게 시들거나 죽지 않는다는 장점을 지녀 종종 죽음 혹은 묘지와 연관되기도 한다. 이런 연관성은 사실 아이비를 이승의 통치자이자 풍요의 신인 오시리스Osiris[1]를 대변하는 신성한 식물로 여긴 고대 이집트에서 비롯했다. 한편 그리스 신화에서는 포도나무와 포도주의 신 디오니소스가 그랬듯 희극과 목가적인 시의 뮤즈인 탈리아Thalia[2]가 아이비와 함께한다. 유럽 여인숙 기둥이나 벽에서 흔히 아이비를 볼 수 있는 것도 바로 이 때문이다. 학명 *헤데라 헬릭스Hedera helix*로 분류되는 아이비에는 이 밖에도 아주 다양한 미신이나 전설이 따른다. 집 벽을 아이비로 뒤덮으면 마녀를 쫓을 수 있다거나 새해 첫날 저녁에 꽃병에 꽂은 아이비 줄기가 열두째 날이 지난 이후에도 싱싱하게 살아 있으면 그해 운이 좋을 것이라는 믿음 등이 대표적이다.

---

[1] 이집트 신화에 등장하는 대지의 신이자 저승의 왕. 죽은 사람의 죄과를 심판하며 식물과 동물, 신들의 생명을 부활시키는 의술과 생산의 신이기도 하다. 이집트의 왕으로 군림해 사람들의 절대적인 지지를 받지만, 이를 시기한 동생에게 살해당했다가 부활해 죽은 자의 나라인 듀아트(Duat)의 왕이 되었다.
[2] 그리스 신화에 나오는 희극을 주재하는 여신. 희극적인 가면, 목동의 지팡이, 아이비 장식 왕관이나 화환을 들고 등장한다. 오늘날 공연 예술의 상징으로 형상화된다.

깊은 애정,
정신적 사랑

아카시아

ACACIA

아카시아의 어원은 그리스어로 아카키아akakia, '가시'라는 뜻이다. 이름에 걸맞게 자신을 방어할 강한 가시를 가지고 있으며 1년 내내 꽃을 피워 황량한 사막 지역에 생기를 불어넣는다. 1세기 로마의 학자, 플리니우스는 잘린 지 3년이 지나도 다시 꽃을 피우는 이 나무의 힘을 칭송했다. 이집트에서는 *아카시아 닐로티카*Acacia nilotica 품종을 '생명의 나무'라고 부르며 그 다채로움을 숭배했다.[1] 아주 적은 물만 있어도 자라는 아카시아는 사막 지역에 사는 초식 동물들에게 식량이 되어 줄 뿐만 아니라 유목민들에게도 아주 귀중한 나무다. 신화에 따르면 이집트의 신 오시리스가 아카시아 그늘에서 태어났으며 그 영혼이 나무줄기 속에 남아 있다고 한다. 파라오 시대에 그려진 수많은 벽화에서 한 그루 아카시아 앞에 선 오시리스의 모습을 볼 수 있다. *아카시아 닐로티카*는 히브리 문화권에서도 신성시했다. 모세Moses[2]의 눈앞에서 불타오르던 나무가 바로 이 아카시아다.[3] 아카시아의 목재는 종교 건축물을 지을 때 특히 선호했는데, 중세 사람들은 이 나무가 인간의 영혼을 정화한다고 믿었다. 오랜 역사가 흐르는 동안 가치를 인정받은 아카시아 품종은 1,500여 종에 이르는데 그 3분의 2가 오스트레일리아에 서식하며, 이 중 한 종은 국화로 채택되기도 했다. 꽃의 말에서 하얀색이나 분홍색 아카시아꽃은 비밀스럽고 순수한 사랑의 고백으로 통한다.

---

[1] 2000년 전, 그리스 철학자이자 의사인 디오스코리데스(Pedanius Dioscorides)는 아프리카에서 약재로 쓸 만한 식물을 발견하고 '아카키아'라고 이름 붙였다. 가시가 돋친 이 나무의 잎은 깃털 같고 꽃은 흐릿한 노란색을 띠었는데, 수 세기가 흐르면서 '아카시아 닐로티카'라고 불리게 되었다.

[2] 기원전 13세기경 이스라엘 민족을 이집트의 노예 상태에서 해방한 민족의 지도자.

[3] 애굽을 떠나 시나이산으로 가서 목자로 살아가던 모세는 도망친 양 한 마리를 찾다가 나무가 불타는 광경을 목도한다. 한참이 지나도 불길이 사그라들지 않아 이상히 여긴 모세가 가까이 다가가려 하자 여호와의 음성이 들려온다.

우아함,
변함없는 사랑, 죽음

애스터

ASTER

그리스어에 기원을 둔 '애스터aster'라는 이름은 꽃 생김새처럼 '별'이라는 뜻이다. 그리스 신화 속 정의의 여신 아스트라이아Astraea[1]는 판도라Pandora[2]가 인간의 모든 악이 들어 있는 상자를 열자 눈물을 흘렸는데 그 눈물 속에서 피어난 꽃이 바로 애스터다. 한편 로마 신화에서 애스터는 사랑의 여신 베누스Venus[3]를 상징한다. 로마 시인 베르길리우스Publius Vergilius Maro[4]에 따르면 신들의 제단이 종종 애스터로 장식되곤 했다. 기독교 전통에서도 성모 마리아가 천상에서 지상을 바라보며 눈물을 흘리자 애스터가 피어났다는 이야기가 전해진다. 애스터는 1년 중 가장 늦게 개화하는 식물 중 하나로, 가을의 끝자락까지 피어 있곤 한다. 이러한 특성 때문에 노년기에 대한 위안이자 죽음이라는 생애 주기의 마지막을 상징하기도 한다. 한편 중국에서는 변함없는 사랑의 표상으로 여겨 잎을 태워 뱀을 쫓는 등, 시골 민간신앙에서도 그 존재를 찾아볼 수 있다. 독일에서는 데이지 대신 애스터 꽃잎을 하나씩 따며 사랑하는 사람이 자신과 같은 마음일지 점친다.

---

1   오비디우스의 《변신 이야기》에 따르면 아스트라이아는 추위와 식량 부족, 전쟁으로 고난에 처한 인간을 돕기 위해 지상에 머물며 정의를 호소한다. 하지만 인간 세상은 계속해서 피로 물들고 아스트라이아는 결국 지상을 떠나 하늘의 별이 된다. 이 별이 처녀자리이며, 선악을 가늠하기 위해 소지하고 다니던 천칭은 천칭자리가 되었다고 한다.
2   그리스 신화에 등장하는 인류 최초의 여성. 제우스가 선물한 상자를 열자, 그 안에서 질병, 슬픔, 전쟁, 증오 등 온갖 불행이 쏟아져 나온다. 놀란 판도라가 얼른 상자를 닫아 버리면서 상자 안에는 희망만이 남게 되었고, 이로 인해 인간은 어떤 힘든 일을 겪어도 희망을 잃지 않게 되었다고 한다.
3   바다의 거품에서 태어난 미와 사랑의 여신. 영어권에서 부르는 이름이 우리에게 친숙한 비너스이며, 그리스 신화에서는 아프로디테에 해당한다.
4   BC 70~BC 19, 고대 로마의 시인으로 로마뿐만 아니라 전 유럽의 시성(詩聖)으로 추앙받는다. 단테가 《신곡》에서 저승의 안내자로 삼기도 했다.

사랑   앵초

PRIMROSE

기독교 전통에서 예수 그리스도의 사도 중 한 명인 베드로Peter[1]는 사망 후 천국의 문지기가 된다. 어느 날 그가 설핏 잠들었을 때 벨트에 어설프게 매달려 있던 열쇠 꾸러미가 지상으로 떨어지고 만다. 들판에서 놀던 한 소녀가 그 소리를 듣고 두리번거리다가 곧이어 황금빛으로 반짝이는 열쇠를 발견한다. 소녀는 달려가 부모에게 이 사실을 알리지만, 그들이 다시 들판으로 돌아왔을 때 금색 열쇠는 이미 노란 꽃으로 변해 있었다. 소녀의 부모는 꽃 아래 보물이 묻혀 있을 것이라 믿고 땅을 파헤치기 시작하지만 아무것도 발견하지 못한다. 세 사람은 이윽고 진짜 보물은 그들 눈앞에 있는 꽃, 사랑과 온화함과 봄을 알리는 꽃임을 깨닫는다.[2] 한편 노르웨이에서 전해지는 가장 오래된 전설 역시 앵초가 기독교 신앙에서 비롯했음을 알려준다. 성욕과 쾌락의 열쇠를 지닌 사랑의 여신 프레이야Freyja[3]에게 봉헌된 이 꽃으로 관능적인 즐거움이 가득한 궁전의 문을 열 수 있다고 전해진다.

---

1 십이 사도의 한 사람으로 예수 승천 후 예루살렘 교회의 기초를 다지고 복음을 선교하는 데에 전력했다. 로마에서 네로의 박해로 순교했다고 전해진다.
2 영어 이름 프림로즈(primrose)는 처음을 뜻하는 라틴어 프리마(prima)와 장미를 뜻하는 라틴어 로사(rosa)로 이루어진 단어다. 봄에 처음 피며 부활절을 알린다. 우리나라에서는 앵두나무 혹은 벚나무를 닮았다고 하여 '앵초(櫻草)'라고 부른다.
3 북유럽 신화에 등장하는 아름다움과 사랑, 다산의 여신.

평온,
잠

양귀비

POPPY

양귀비속Papaver 중에서도 가장 널리 알려진 *파파베르 솜니페룸Papaver somniferum*은 아편의 원료다. 이 꽃의 특성은 인류의 시작과 더불어 널리 퍼져 나가, 신석기시대부터 양귀비를 활용했다는 사실이 고고학 연구를 통해 밝혀지기도 했다. 향정신성 효능을 익히 알았던 수메르인Sumer[1]도 이 '기쁨의 약초'를 폭넓게 사용했으며, 영원한 안식의 상징으로서 양귀비를 장식한 이집트 파라오들의 무덤도 발굴되었다. 기원전 15세기 이집트 의사들이 양귀비로 아이들의 울음을 그치게 했다는 사실이 에베르스 파피루스Ebers Papyrus[2]에도 기록되어 있다. 양귀비 수액은 사람을 기분 좋게 만들어 주어 최음제 재료로 쓰였으며, 클레오파트라는 이를 야자수 와인에 섞어 마시는 것을 무척 좋아했다. 그리스 신화에서 양귀비는 히프노스Hypnos[3]가 신성하게 여기는 식물로 등장한다. 잠의 신인 히프노스는 손에 양귀비 씨앗을 쥔 채 고개를 숙이고 꾸벅꾸벅 조는 모습으로도 종종 묘사된다. 코스섬Kos[4]에 있는 아스클레피오스Asclēpios[5] 신전에서는 꿈을 통해 예언을 듣도록 수면으로 이끄는 역할을 했다. 양귀비는 밀밭이나 보리밭에서도 자생했기 때문에 농업의 여신 데메테르와 함께 신성하게 여겨졌다.

---

1. 고대 메소포타미아 남부에 살던 민족. 세계에서 가장 오래된 문명 발생지로 오늘날의 이라크 지방이다.
2. BC 1550년에 쓰인 이집트의 의학 파피루스. 고대 이집트에서 가장 오래되고 중요한 파피루스 중 하나로 질병과 악을 방지하는 의학과 주술 분야의 약 700가지 요법이 기록되어 있다.
3. 그리스 신화에 등장하는 수면의 신으로 양귀비를 비롯한 여러 식물이 자라는 지하 암흑계에 살면서 수면과 꿈을 관장한다.
4. 에게해 남동부에 위치한 그리스의 섬. 그리스 신화의 주요 배경이자 의학의 아버지 히포크라테스가 태어난 곳으로 알려져 있다.
5. 아폴론의 아들이자 의술의 신. 죽은 사람을 소생시키는 능력이 있다.

엄격함,
유용함

엉겅퀴

THISTLE

엉겅퀴는 "만지면 찌른다"라는 로렌 공작의 유명한 격언에 영감을 준 식물이다.[1] 이집트에서 최초로 발견되었는데, 이집트인들은 그리스인, 로마인과 마찬가지로 잎을 포함해 이 꽃을 다양하게 활용했다. 엉겅퀴에는 마법의 힘이 서려 있어서 임신한 여성이 남자아이를 낳을 수 있게 해 줄 뿐만 아니라 악마를 쫓거나 저주를 막아 준다고 여겼다. 드니 디드로Denis Diderot[2]의 《백과전서Encyclopédie》[3]에는 엉겅퀴가 복수와 징벌의 그리스 여신 에리니에스Erinyes[4]에게 경의를 표하는 식물 중 하나라는 언급이 나온다. 한편 기독교에서 이 가시 돋친 식물은 예수 그리스도와 성모 마리아가 감내한 고통을 상징하기도 한다. 엉겅퀴는 스코틀랜드에서도 다양한 상징으로 활용되며 수많은 전설에 등장한다. 그중 가장 유명한 것은 13세기, 바이킹에게 정복되던 때로, 노르웨이 호콘 왕Haakon[5]의 군대가 스코틀랜드 라그스Largs 해안을 공격했다가 실패한 이야기다. 호콘의 군인들은 조용히 마을로 다가가 기습을 감행하는데, 맨발로 엉겅퀴를 밟고는 너무도 고통스러워 비명을 참

---

1. 프랑스 혁명 이전까지 프랑스 동북부 독일 국경 지역에는 로렌 공국이 있었다. 로렌(Lorraine)의 공작 르네 2세(René II de Lorraine, 1451~1508)는 프랑스 루이 11세와 부르고뉴의 샤를 공작 사이에서 압박을 받다가 1474년에 루이 11세와 비밀 동맹을 맺었다. 하지만 샤를 공작이 로렌 공국을 침략하자 당시에 달아났다가 이듬해 로렌을 탈환한다. 1477년 낭시 전투에서 부르고뉴 군대를 물리친 후 "만지면 찌른다. Qui s'y frotte s'y pique."라는 격언을 신조로 삼았다. 이 격언은 오늘날까지 전해져 함부로 덤비면 큰코다친다는 뜻의 관용구로 쓰인다.
2. 1713~1784, 프랑스 계몽주의 철학자. 무신론과 유물론에 가까운 입장으로 철학과 문학을 사유하고 《백과전서》를 편찬 및 출간했다. 저서로 《자연 해석에 관한 사색》, 《달랑베르와의 대화》, 《운명론자 자크》 등이 있다.
3. 디드로와 달랑베르(Jean Le Rond d'Alembert)가 1751년부터 1780년에 걸쳐서 감수 및 간행한 대백과사전. 몽테스키외, 루소 등 계몽적이고 진보적인 집필진과 함께 편찬했으며, 프랑스 혁명 사상에 큰 영향을 미쳤다.
4. 그리스 신화에 나오는 알렉토, 티시포네, 메가이라 세 여신으로 '광폭한 여신들'이라고 불리기도 한다. 머리는 뱀이고 날개가 돋았으며 눈에서는 피가 흐른다.
5. Håkon Håkonsson, 1204~1263, 노르웨이 왕으로 스칸디나비아반도뿐만 아니라 아이슬란드, 그린란드, 스코틀랜드까지 영토를 확장하며 북해의 패권을 거머쥐었다.

지 못하고, 그 때문에 결국 스코틀랜드 군대에 들키고 만다.[6] 이렇듯 악명이 높았던 허브인 엉겅퀴가 오늘날 사르데냐Sardegna[7]에서는 씨앗에서 추출한 기름을 이용해 생분해성 가방을 만드는 데 활용되는 등 새로운 역사를 쓰고 있다.

---

[6] 1263년, 스코틀랜드 서해 여러 섬을 지배하던 노르웨이 왕 호콘 4세가 라그스를 공격하자 당시 스코틀랜드 국왕이던 알렉산더 3세가 이들을 물리친 전투를 가리킨다.
[7] 이탈리아 코르시카섬 남쪽에 있는 섬. 지중해에서 두 번째로 크며 부속 섬들과 함께 자치 지역을 이룬다.

순수,
애국심

에델바이스

EDELWEISS

스위스의 상징으로 알프스 지역에서 큰 사랑을 받는 에델바이스는, 오늘날 30여 종이 야생으로 서식하는 히말라야와 시베리아 고지대에서 기원했다. 집요한 정원사들이 각지로 퍼뜨리는 대다수 외래종과 달리, 에델바이스는 빙하기 동안 자연적으로 퍼진 것으로 추정된다. 현대에 들어서는 나치즘의 역사에서도 그 모습을 살펴볼 수 있는데, 아돌프 히틀러Adolf Hitler가 좋아하던 꽃이었으며 독일 국방군 소속 알프스 사냥꾼들이 에델바이스 모양 배지를 달기도 했다. 아이러니하게도 히틀러 정권에 맞서는 아이들과 청소년 집단인 에델바이스 해적단Edelweißpiraten[1]의 상징이기도 했다. 1965년에 미국 영화 〈사운드 오브 뮤직The Sound of Music〉이 제작되면서 에델바이스는 독창적인 사운드트랙의 주제로 재탄생했으며 순수함과 애국심의 상징이 되어 오늘날까지 전해진다. 하지만 탄생 설화 중 가장 유명한 것은 눈의 여왕 전설이라고 할 수 있다. 얼음 심장을 지닌 채 산꼭대기에 사는 여왕의 음악 같은 목소리에 많은 이들이 사로잡힌다. 그러나 이 아름다운 여왕은 사랑이 무엇인지 몰랐고, 구혼자들에게 이내 싫증이 나서는 그들을 산 아래로 떨어뜨린다. 그러던 어느 날 눈의 여왕에게 푹 빠진 우직한 목동이 여왕의 마음을 움직인다. 그러자 이를 질투한 땅의 요정들이 남자를 협곡 아래로 밀어 버리고, 그 비극적인 죽음을 뒤늦게 안 여왕은 눈물을 흘린다. 그러자 바위 사이로 길게 흘러내리는 눈물을 따라 에델바이스가 자라난다.

---

[1] 나치 독일 시기 반체제 청소년 집단으로 산업 및 공업 도시가 밀집한 독일 서부에서 고된 일상에 힘겨워하던 청소년들이 자발적으로 조직했다. 하얀 양말, 검은색 반바지 차림에 옷깃에는 다양한 양철 장식물을 달았다.

굳건하고 지속적인
사랑

에리카

HEATH

학명 그대로 불리는 에리카Erica는 유럽에 4종, 아프리카에 700종이 서식하는 거대 식물군으로 갈리아Gallia[1] 지방에서 숭배하던 여신에게서 그 이름이 유래했다. 어원상으로는 그리스어 '우라Ura'와 켈트어 '에레이케Ereice'에서 탄생한 이름이다. 에리카는 이집트의 신 오시리스 이야기에도 등장한다. 세트Seth[2]가 오시리스를 궤에 가두어 나일강으로 던지자, 강변의 에리카 덤불이 궤가 떠내려가는 것을 막고 가지를 드리워 오시리스의 아내 이시스Isis[3]가 발견할 때까지 다른 이들의 눈에 띄지 않게 숨겨 주었다. 벌이 에리카를 특히 좋아하는 이유 또한 전설로 전해진다. 너른 가스코뉴Gascogne[4] 지방의 어느 마을에서 질투심 많은 계모가 어린 의붓딸을 에리카로 변하게 해 버린다. 하지만 꿀벌들이 나타나 이 사악한 여자를 마구 쏘아서 죽이고는 한 남자를 꽃으로 인도한다. 그가 에리카에 입을 맞추자 딸은 다시 인간이 되었다고 한다. 이탈리아에서 이 꽃은 기독교 전통에 따라 그리스도의 죽음으로 거슬러 올라가 발견된다. 예수가 로마 병사들을 피해 몸을 숨긴 소귀나무[5] 나뭇가지들을 에리카가 밀어내 버린다. 예수가 병사들에게 붙잡히자 노한 신은 에리카에 꽃은 피우되 열매를 맺지 못하는 형벌을 내린다. 하지만 1년 내내 푸른 특성 때문에 에리카는 굳건하고 지속적인 사랑을 상징하기도 한다.

---

1   고대 유럽 켈트인이 기원전 6세기부터 살던 지역으로 오늘날 프랑스, 벨기에 전 지역과 이탈리아 북부, 네덜란드 남부, 독일 라인강 유역, 스위스 대부분을 아우른다.
2   오시리스의 형제 신으로서 형 오시리스가 왕이 되자 질투에 사로잡혀 왕권을 차지하기 위해 형을 죽이고 만다.
3   오시리스의 여동생이자 아내. 모든 생명을 보살피며 만물을 지배하는 창조의 여신이자 망자에게 생명을 주는 명계의 여신. 세트가 내다 버린 오시리스의 시신을 찾아 부활을 도왔다.
4   프랑스 서남부 대서양 연안 지방. 7세기 후반 공국을 이룬 독립 국가였으나 백년전쟁 중 영국의 지배를 받다가 1453년에 프랑스령이 되었다.
5   소귀나뭇과의 상록 활엽 교목. 4월에 누런빛을 띤 붉은색 꽃이 피고 열매는 6~7월에 열린다. 열매는 식용하고 껍질은 물감으로 쓴다.

순수,
윤회

LOTUS

연꽃

고대 로마 시인 오비디우스의 작품 《변신 이야기》에서 정원과 가축의 신 프리아포스Príapos[1]는 로티스Lotis[2]에게 집착하는데, 물의 님프 로티스는 그에게서 벗어나기 위해 차라리 연꽃이 되길 택한다. 유럽에서는 보기 드문 연꽃은 동양의 힌두교나 불교에서 신성한 식물로 숭상한다. 힌두교도들은 연꽃을 통해 창조 신화를 이야기할 뿐만 아니라 이 꽃에서 고귀한 아름다움을 엿본다. 신성을 묘사한 그림에서 신들은 종종 연꽃 위에 앉아 있다. 전통적인 명상 자세 중 하나인 가부좌를 연꽃 자세라고 하기도 하며, 전 세계 요가 수행자들이 이를 수련한다. 부처가 발을 딛는 곳마다 연꽃이 피어난다는 전설도 있다. 수생식물인 연꽃은 꽃병이나 연못 위로 꽃을 피우는데, 이는 정신과 육체의 순수함을 얻기 위해 욕망과 고통이라는 진흙을 뚫고 솟아나는 인간의 삶과 그 능력을 은유한다. 밤이면 꽃잎을 닫고 물 아래로 잠겼다가 아침이면 다시 떠올라 새로이 꽃잎을 여는 특성 때문에 고대 이집트에서는 환생의 상징으로 여기기도 했다. 파라오의 무덤 벽화에서 연꽃을 자주 볼 수 있는 것도 이 때문이다.

---

1 그리스 신화에 나오는 번식과 다산의 신.
2 그리스 신화 속 님프. 프리아포스의 구애를 피해 도망가다가 신에게 기도해 나무가 되었다.

사랑, 결혼,
순결

오렌지나무

ORANGE TREE

오렌지나무는 봄이면 작고 하얀 꽃을 피운다. 매혹적인 향기를 풍기고 쌉싸름한 맛을 내는 다양한 오렌지 종을 생산하는 비터오렌지bitter orange[1]는 루이 13세Louis XIII[2]의 어머니 마리 드 메디시스Marie de Médicis[3]가 처음 화장품으로 사용하기 시작했다. 이후 17세기에 이르러서 네롤라의 공주 마리안Marie-Anne de la Trémoille[4]이 본격적으로 오렌지나무를 이용해 향수를 제조했고 네롤리 에센스neroli essential oil[5]를 개발하기에 이르렀다. 마리안 공주는 장갑이나 목욕물에 향수를 뿌렸고, 그 향기는 최음 효과로 널리 이름을 알렸다. 신화에서는 제우스가 오렌지꽃을 아내 헤라에게 주었다고 전해지는데, 그 나무가 자라던 곳이 바로 오로지 신들을 위해 마련된 유명한 헤스페리데스의 정원, 즉 '황금 사과 정원'이다. 이후 오렌지꽃은 언제나 행운, 사랑, 결혼을 상징하며, 티 없이 새하얀 꽃잎은 연인의 순수함과 순결을 떠올리게 한다. 한편 언제나 푸르른 잎은 일생 지속되는 사랑을, 풍성하게 맺히는 열매는 아름답고 사랑스러운 자손에 대한 기대를 이야기한다. 프랑스의 문인 세

---

[1] 쓴맛이 나는 오렌지 종으로 식용에는 적합하지 않아 방향유나 향수, 과일청에 주로 쓴다. 원래 오렌지를 가리키는 말로 쓰였으나 현재 당도가 높은 오렌지가 생산되면서 비터오렌지라고 불리게 되었다. 포멜로와 감귤나무 간의 자연교잡으로 탄생해 잡종 오렌지나무를 아우르는 용어로 쓰이기도 한다. 유럽에서 자라는 것을 비터오렌지(쓴귤), 동아시아에서 자라는 것을 광귤(신귤)이라고 구분해 부른다.
[2] 1601~1643, 프랑스 부르봉 왕조의 2대 국왕. 8세 어린 나이에 왕위에 올라 공정한 왕으로 칭송받으며 부르봉 왕권의 기초를 다졌다. 가발을 유행시키기도 했다.
[3] 1573~1642, 이탈리아 피렌체 명문 귀족 메디치 가문 출신 프랑스 왕비. 이탈리아에서는 마리아 데 메디치라고 불린다.
[4] 1642~1722, 프랑스 라 트레무아유 가문 출신으로 프랑스, 로마, 스페인 등에서 활동했다. 네롤라(Nerola)는 17세기 공국으로 현재의 이탈리아다.
[5] 네롤리의 학명은 시트루스 아우란티움 불가리스(*Citrus aurantium. Vulgaris*). 수작업으로 꽃을 딸 때 증기 증류법으로 추출하는데 1,000kg에 1kg 미만으로 나오는 귀한 원료다. 이렇게 추출한 원액을 오렌지 블로섬(orange blossom)이라 부르기도 한다. 불안과 스트레스성 불면, 우울증 완화에 효과가 있으며 피부 미용에도 도움이 된다.

비녜Marie de Rabutin-Chantal[6]는 딸에게 편지를 보내 자신이 작고 향기로운 오렌지꽃을 얼마나 열렬히 사랑하는지 전하기도 했다. 한편 오렌지나무의 기원은 중국 남쪽 지방으로, 아랍인들이 지중해 유역 전부를 정복하기 전인 8세기에 시리아로 가져갔다.

---

[6] Marquise de Sévigné, 1626~1696, 결혼한 딸에게 파리 사교계 생활을 써 보낸 편지들로 유명하다. 그 영향으로 18세기에 서간체 문학이 크게 유행했다.

건강,
대담성

SALAD BURNET

오이풀

잎에서 오이 맛이 나는 오이풀은 널리 사랑받는 야생 식물이다. *상구이소르바Sanguisorba*라는 학명은 붉은 핏방울 같은 작은 꽃들을 피우는 데서 유래했다.[1] 오이풀은 갈레노스Galenos[2]나 히포크라테스 같은 인류 최초의 의사들이 피를 맑게 하는 데에 썼다. 디드로는 《백과전서》에서 오이풀이 얼마나 유용한지 긴 단락을 할애해 설명하는데, "전염성 질병과 광견병에 유용"하다는 문구도 찾아볼 수 있다. 켈트족이 머물던 시골 마을에서는 드루이드들이 오이풀을 써서 탄저병[3]에 걸린 가축을 치료하기도 했다. 오이풀은 오르치 남작 부인, 에무스카 오르치Baroness Emmuska Orczy[4]가 쓴 연작 소설 《스칼렛 핌퍼넬》에도 영감을 주었다. 1905년부터 1936년까지 쓰인 이 작품은 큰 인기를 얻어 프랑스에서는 《르 무롱 루주Le Mouron Rouge》라는 제목으로 출간되기도 했다. 프랑스 혁명 당시 프랑스 귀족들을 단두대에서 구해 내는 한 영국 귀족이 등장하는데, 이 남자는 편지를 쓸 때 붉은 오이풀꽃 한 송이로 서명을 대신한다. 아일랜드 사람들은 오이풀을 '마리아의 허브'라고 부르는데, 이 꽃을 손에 쥐고 있으면 물살을 거슬러 헤엄칠 수 있으며 천리안을 얻고 악마의 저주를 피할 수 있다고 믿는다. 이를 제외하고 이 아름다운 야생화에 관한 전설은 거의 전해지지 않는다.

---

1 라틴어로 상구이스(sanguis)는 '피', 소르베르(sorbere)는 '흡수하다'라는 뜻이다.
2 129경~199경, 로마 제국 당시 고대 그리스 의학자이자 철학자. 해부학과 생리학을 발전시키고 그리스 의학 체계를 세웠다. 히포크라테스 이래 최고의 의학자로 꼽히며 "최고의 의사는 철학자"라는 유명한 말을 남겼다.
3 탄저균에 감염되어 내장이 붓고 혈관에 균이 증식하는 병이다. 소, 말, 양 등 초식 가축에서 주로 발생하며 사람에게 옮기기도 한다.
4 1865~1947, 헝가리 백작가의 딸로 태어났다. 1868년 농민 혁명을 피해 부모와 함께 고향을 떠났고, 1880년 런던에 정착했다.

온화함,
신중함

월계수

LAUREL

지중해 지역에서 자라는 대표 관상식물인 월계수가 장밋빛, 붉은빛, 하얀빛 꽃을 피우면 코트다쥐르의 마을은 매력을 발산하며 한층 아름다워진다. BC 3세기부터 널리 알려진 월계수는 그리스 철학자 테오프라스토스Theophrastos[1]의 저서 《식물지Historia plantarum》에 언급되었는가 하면, 로마 시인 오비디우스는 월계수의 탄생을 신화로 풀어냈다. 다프네Daphne[2]는 월계수 꽃으로 피어나기 전 매우 아름다운 님프였다. 다프네가 꽃으로 변한 것은 사랑의 신 아폴론에게 복수하려던 큐피드Cupid[3]의 실수였다. 큐피드는 금으로 만든 첫 번째 화살에 다프네를 향한 사랑을 불어넣어 아폴론을 쏘았고, 납으로 만든 두 번째 화살을 다프네에게 쏘았다. 납 화살을 맞은 다프네는 아폴론의 숨결만 맡아도 혐오감을 느꼈다. 그런데 마법에 걸린 아폴론이 끈질기게 자신을 쫓아다니자 지친 나머지 아버지를 찾아가 도움을 청했고, 강의 신이던 다프네의 아버지 페네우스Peneus[4]는 딸을 월계수로 변하게 했다. 또 다른 신화 이야기에서 다프네는 강의 신 라돈Ladon[5]과 가이아Gaia[6] 사이에서 태어난 님프로 등장한다. 사냥의 여신 아르테미스Artemis[7]를 흠모하던 다프네는 평생 결혼하지 않고 홀로 지내겠다고 맹세했으며, 아폴론이 접근하자 차라리 월계수가 되는 쪽을 택한다.[8]

1 BC 372경~ BC 287경, 고대 그리스의 철학자. 식물학의 시조로 꼽힌다. 아리스토텔레스 형이상학의 문제점을 연구했으며 저서로 《형이상학》 등이 있다.
2 그리스 신화에서도 여러 이야기의 주인공으로 등장하지만, 아폴론에게 쫓기다 아버지의 도움으로 월계수로 변모했다는 이야기가 가장 널리 알려졌다.
3 로마 신화에 등장하는 사랑의 신. '열정적인 욕망'을 뜻하는 라틴어 '큐피도(Cupidō)'에서 유래했으며 그리스 신화의 에로스에 해당한다.
4 그리스 테살리아 지방에 흐르는 강의 신으로 테티스의 아들이다.
5 그리스 펠로폰네소스반도에 있는 실제 강으로 이곳에서 목욕을 하면 모욕이 씻겨내려간다고 전해진다.
6 '땅'이라는 의미로 모든 생명의 어머니이자 대지의 여신. 카오스에서 태어나 자신이 만든 하늘의 신 우라노스의 아내가 되어 티탄을 낳았다.
7 그리스 신화에 등장하는 여신. 제우스와 레토의 딸로 올림포스 12신 중 하나다.
8 월계수가 된 다프네를 기리기 위해 아폴론은 자신의 영원한 젊음과 불멸의 힘을 이 나무에 불어넣었고, 월계수는 영원히 푸르름을 잃지 않게 되었다.

행복, 삶, 부활,
봄소식, 기쁨

은방울꽃

MAY LILY

은방울꽃은 되돌아오는 행복을 의미한다. 고대부터 이어져 내려온 이 믿음은 민간 전설에 뿌리를 두며, 매번 봄이 올 때마다 사랑에 빠진 듯 나이팅게일이 앉아 지저귀는 은방울꽃 가지에는 새순이 돋아난다. 5월을 상징하는 이 꽃의 기원은 신성에서도 찾아볼 수 있어 그리스의 신 아폴론이 바닥에 은방울꽃을 두껍게 깔아 아홉 뮤즈의 발을 보호했다는 이야기가 전해진다. 한편 기독교에서 은방울꽃은 성모 마리아를 향한 숭배와 관련이 있다. 마리아가 십자가에 눈물을 떨어뜨리자 그 자리에서 작은 종 혹은 방울처럼 생긴 꽃이 자라났다는 것이다. 또 에덴동산을 떠나던 하와가 흘린 눈물에서 탄생했다는 이야기도 있다. 북유럽 신화도 빼놓을 수 없어서 새벽과 봄의 여신 에오스트레Êostre[1]의 꽃인 은방울꽃은 생을 상징할 뿐만 아니라 유럽 거의 전역에서 부활과 순수, 기쁨을 노래한다. 프랑스의 왕 샤를 9세Charles IX[2]가 1561년에 처음으로 은방울꽃 새싹을 행운의 상징으로 삼았다는 이야기도 전해진다.[3] 1889년에는 프랑스에서 노동절의 꽃으로 지정되기도 했다.

---

1 게르만 신화 속 봄의 여신. 일부 국가에서 '부활절' 명칭을 이 여신의 이름에서 따왔으며 부활절 토끼 또한 에오스트레가 데리고 다니던 신성한 동물에서 유래했다.
2 1550~1574, 앙리 2세와 카트린 드 메디시스의 아들. 10세에 왕위에 올랐으나 성 바돌로매 축일 학살 등의 사건으로 왕권 몰락기를 겪었다.
3 1560년에 기사 루이 드 지라르 드 메종포르트(Louis de Girard de Maisonforte)가 당시 10세이던 어린 왕 샤를 9세에게 은방울꽃 장식을 선물하자 크게 감동한 샤를 이 이를 전통으로 삼고 매년 반복하도록 했다. 또 궁녀들에게 은방울꽃 가지를 하나씩 건네며 "해마다 이처럼 되기를"이라고 말했다고 한다. 이 관습은 프랑스 전역으로 빠르게 퍼졌다.

신실한 사랑   인동덩굴

HONEYSUCKLE

인동덩굴은 바닐라 향이 나는 칡의 일종으로 실내를 아름답게 꾸미는 데에 주로 쓰인다. 오늘날 가장 널리 알려진 것은 일본 서식 종이지만 중국에서 유래했으며, 이에 얽힌 아주 아름다운 전설이 하나 전해 내려온다. 한 촌락에 금화金花, 은화銀花라는 쌍둥이 자매가 살았다. 첫째가 병에 걸려 쓰러지자, 둘째는 병이 옮을 위험을 무릅쓰고 한순간도 언니 곁에서 떨어지지 않는다. 결국 둘은 함께 죽어 나란히 매장되고, 이듬해 봄이 오자 자매의 무덤이 금색과 은색으로 빛나는 인동덩굴로 뒤덮인다. 같은 해, 마을에 살던 또 다른 쌍둥이 자매가 똑같은 병에 걸리는데, 이들은 이 인동덩굴 꽃을 달인 탕약을 마시고 살아남는다. 인동덩굴은 날씨가 온화해지면 꽃을 피우는데, 개화 기간이 몇 달이나 지속된다. 그리스의 유명한 이야기인 《다프니스와 클로에》[1]에 따르면 인동덩굴의 개화 기간이 이토록 긴 데에는 아름답고 신비로운 사연이 있다. 인동덩굴이 꽃을 피울 때만 만날 수 있었던 연인이 사랑의 신에게 이 꽃이 오래 피어 있게 해 달라고 청한 것이다. 한편 누군가 인동덩굴 다발을 집으로 가지고 오면 그해에 결혼하게 될 거라 믿는 나라도 있으며, 스코틀랜드에서는 마녀로부터 가축을 보호하기 위해 이 덩굴식물을 축사 주위에 심었다.

---

1 3세기경 고대 그리스의 작가 롱고스(Longos)가 지은 목가적 소설로 염소 목동 다프니스와 양치기 소녀 클로에의 사랑 이야기다. 프랑스의 고전 음악 작곡가 모리스 라벨(Maurice Ravel)이 1912년에 완성한 발레를 위한 관현악곡으로도 유명하다.

아름다움,
번영

작약

PEONY

파이오니아*Paeonia*라는 학명을 보면 작약이 그리스 의술의 신, 아스클레피오스Asclēpios[1]의 제자였던 파이안Paean과 관련 있음을 알 수 있다. 신화에 따르면 파이안은 스승의 시기로 괴로워하던 중 제우스의 도움으로 작약이 되었다.[2] 고대 그리스에서 작약은 의학과 마법 두 분야 모두에서 쓰임이 있었는데, 기원전 4세기 학자 테오프라스토스는 작약을 두고 "이 꽃은 오로지 밤에만 뿌리를 뽑아야 한다. 낮에는 나무 열매를 쪼려는 딱다구리에게 들켜 눈이 멀 위험이 있다. 또한 뿌리를 자르면 항문에 병을 얻을 수도 있다"라고 언급했다. 작약은 유럽 여러 지역과 동아시아에서 유래했는데, 중국에서는 '부와 명예의 꽃'으로 여겼다. 작약이 처음 책에 기록된 것은 기원전 11세기였으며, 고전 그림에서도 흔히 발견되는 모티프 중 하나다. 작약에 얽힌 수많은 전설 중에는 검은 작약에 관한 특별한 이야기가 있다. 정원에 앉아 차를 마시던 측천무후則天武后[3]는 달콤한 향내를 풍기는 라일락을 보고 감탄한다.[4] 하지만 여태 다른 꽃들은 피지 않았음을 깨달은 측천무후는 꽃의 여신에게 그 사실을 고한다. 그러자 작약을 제외한 모든 꽃이 여신의 명령에 따라 곧장 꽃을 피운다. 황후는 명을 따르지 않은 작약을 벌하고자 뤄양洛陽[5]으로 망명을 보내는데, 그곳에 도착하자 작약은 곧바로 검은색 꽃을 피웠고, 이후 뤄양은 작약의 중국 수도로 널리 알려진다.

1. 그리스 신화 속 의술의 신. 아폴론의 아들로, 죽은 사람을 소생시키는 능력을 가졌다.
2. 신들의 의사이기도 했던 파이안이 작약 뿌리로 명부의 왕 하데스의 상처를 치료하자, 평소 제자 파이안을 질투하던 아스클레피오스가 분노해 그를 죽이려 했다.
3. 624경~705, 중국 당나라 고종의 황후. 고종을 대신해 실권을 휘두르며 두 아들을 차례로 제왕 자리에 올려 놓았다. 스스로 제왕이 된 후에는 국호를 주(周)로 바꾸었다.
4. 라일락이 아니라 매화라는 설도 있다. 다른 꽃은 피지 않았는데 홀로 피어 있었다는 점으로 보아 겨울에 꽃을 피우는 매화가 더 신빙성이 있어 보인다.
5. 중국 허난성 서북부에 있는 성 직할시. 예로부터 여러 왕조의 도읍지로 번성했다.

사랑   장미

ROSE

태고부터 열정을 불러일으켜 온 꽃, 장미는 그리스 신화에 등장하는 꽃들의 여신 클로리스Chloris[1]에 의해 탄생했다. 전설에 따르면 숲속에서 죽어 쓰러진 한 님프를 클로리스가 꽃으로 소생시키자 사랑의 여신 아프로디테가 아름다움을, 포도주의 신 디오니소스가 향기를 불어넣었다고 한다. 세 신의 은총으로 매력과 화사한 빛을 선물받은 것이다. 이후 서풍의 신 제피로스가 구름을 멀어지게 하려 바람을 크게 일으켰고, 빛의 신 아폴론은 이 꽃이 싹을 틔우는 것을 허락했다. 세례와도 같은 고귀한 탄생을 생각하면 장미가 '꽃의 여왕'이라고 불리는 것도 놀라운 일은 아니다. 또한 로마 신화에서는 줄기에서 뾰족하게 돋아 나온 장미 가시의 기원을 알 수 있다. 베누스의 아들 큐피드는 장미가 만발한 정원을 산책하다가 벌에 쏘인다. 화가 난 큐피드가 쏜 화살이 덤불을 맞추자 줄기에서 가시가 돋아난다. 때마침 정원으로 들어오던 베누스가 가시에 상처를 입자 그 핏방울에서 붉은 장미가 태어난다. 장미에는 수많은 매혹적인 전설이 뒤따른다. 클레오파트라의 궁전 바닥이 장미 꽃잎으로 뒤덮여 있었다든가 바그다드 술탄이 해마다 장미수 3만 리터로 자신의 궁전을 향기롭게 만들었다는 이야기 등이다.[2] 붉은 장미는 정열적인 사랑을, 분홍색, 흰색, 노란색 장미는 부드러운 사랑을 상징하며 세계 곳곳에서 열렬한 사랑을 전하고 있다.

---

1   님프였으나 서풍의 신 제피로스에게 납치된 후 결혼하고 플로라라는 신으로 다시 태어났다. 아도니스, 크로커스, 히아킨토스, 나르키소스를 꽃으로 변화시키는 일을 담당했다고 전해진다.
2   이 외에도 크노소스 궁전의 프레스코화, 호메로스의 《일리아드》에서도 장미를 발견할 수 있으며 로마의 귀족 여인들은 주름을 없애기 위해 장미 찜질을 했다. 클레오파트라가 궁전 바닥에 깔게 한 장미는 거의 1m 두께였으며, 네로 황제 역시 장미로 목욕하고 장미 화관을 썼으며 장미 푸딩을 먹었다.

관능적인 사랑,
아름다움, 순수

재스민

JASMINE

'신의 선물'을 뜻하는 페르시아어 '야사민yasamin'에서 이름이 유래한 재스민은 티끌 하나 없이 새하얀 꽃의 색과 향기로 아시아에서 인기가 높다. 수 세기 전부터 사람들은 재스민을 보고 아름다움과 여성적 매력을 떠올렸다. 인도인은 재스민 꽃을 엮어 만든 특별한 목걸이를 신에게 바치며 결혼식에도 자주 사용한다. 유럽인 역시 재스민이 동양에서 건너왔다는 사실을 잘 알지 못한 채 신부의 부케로 만들곤 한다. 유럽인들에게는 상당히 이국적인 이 식물을 17세기 이탈리아로 들여온 사람은 토스카나 대공인데[1] 그에 따른 전설도 생겨났다. 토스카나 대공의 정원사는 찢어지게 가난한 터라 사랑하는 여인과 결혼할 꿈조차 꾸지 못했다. 하지만 그는 재스민 꽃 한 송이를 몰래 훔쳐 연인에게 선물할 수 있었다. 약혼녀는 그 꽃을 심어 정성껏 돌보았고, 뿌리를 내리고 번성한 재스민을 팔아 돈을 마련한 연인은 결혼해서 행복하게 살았다고 한다. 하와이, 인도네시아, 파키스탄, 필리핀 등 여러 국가가 재스민을 나라의 상징으로 삼으며 그중에서도 시리아의 다마스쿠스Damascus[2]는 '재스민의 도시'라고 불리는데, 이름에 걸맞게 도시 거의 모든 주택에서 재스민을 볼 수 있다. 2011년에 재스민은 아랍 혁명을 상징하는 꽃이 되었다.[3] 튀니지에서 이 새하얀 꽃은 순수함, 따스한 삶, 관용을 상징한다. 꽃의 말에서 재스민은 관능적인 사랑을 이야기한다.

---

1 당시 토스카나 대공국의 군주, 코시모 3세 데 메디치(Cosimo III de' Medici, 1642~1723)를 가리킨다. 재스민의 신비로운 향에 매료되어 특별한 온실을 만들어 숨겨 두었으며 다른 사람들이 재배하는 것을 금지했다고 한다. 그가 들여온 재스민은 재스미늄 삼박 '그랜드 듀크 오브 투스카니'(*Jasminum sambac* 'Grand Duke of Tuscany')이며 흔히 '아라비안 재스민'이라고도 부른다.
2 시리아의 수도. BC 2000년 무렵 세워진 세계에서 가장 오래된 도시 중 하나다.
3 일명 '아랍의 봄'으로 불리는 중앙정부 및 기득권의 부패와 타락, 빈부 격차, 높은 실업률에 분노한 대중이 일으킨 혁명이다. 2010년 12월에 북아프리카 튀니지에서 이른바 '재스민 혁명'으로 촉발되어 아랍, 중동 국가와 북아프리카 일대로 확산됐다.

아름다움,
감미로움

HOLLYHOCK

접시꽃

구약 성경의 욥기에서는 오늘날 접시꽃의 조상인 아욱과Malvaceae[1]에 대한 이야기를 퍽 중요하게 다룬다.[2] 잎과 싹을 먹을 수 있는 큼지막한 식물 아욱은 자신이 인류를 돌보고 있음을 보여 주기 위해 창조주가 인간에게 보낸 것이라 여겨진다. 메마른 흙에서도 잘 자라는 특유의 투박한 특성으로 기근이 닥쳐도 인류가 살아남을 수 있게 해 주었다. 이렇듯 강인한 생명력을 지닌 아욱과 접시꽃의 프랑스어 이름은 '로즈 트레미에르rose trémière'로, '로즈 두트르메르rose d'outremer'라는 말에서 유래했다. '바다 저편에서 온 장미'라는 뜻인데, 사실 식물학 계보를 살펴보면 접시꽃은 장미와 완전히 다른 별개의 종이다.[3] 접시꽃이 어디에서 처음 탄생했는지에 대해서는 여전히 의견이 분분한데, 어떤 식물학자들은 오스만 제국을 발상지로 보는 한편, 16세기 중국에서 유럽으로 건너왔다고 보는 이들도 있다. 일본에서는 접시꽃을 '아오이葵'라고 부르는데 봉건시대부터 숭배해 17세기에는 천황의 인장을 장식하기도 했다. 또 교토에서 매년 열리는 3대 대형 축제 중 하나인 아오이 마쓰리葵祭의 스타이기도 하다. 일본 사람들은 온통 접시꽃으로 장식한 코스튬과 마차 행렬을 선보이는 이 축제를 통해 자연재해를 피할 수 있기를 기원한다.

---

1 쌍떡잎식물 아욱목의 한 과. 열대와 온대 기후에 분포하는 관목 혹은 초본으로 80속 1,500종의 식물이 포함되어 있다. 오크라, 두리안, 로젤, 카카오 등이 있으며 우리나라에서 흔히 보는 무궁화, 접시꽃, 아욱도 여기에 속한다.
2 욥기 6장 6절에 "맛없는 음식을 소금 없이 먹을 수 있는가, 혹은 아욱 수액에 맛이 있는가?"라는 구절이 나온다. 여기에서 '아욱 수액'이란 히브리어로 '할라무트'로 이를 '닭의 알의 흰자위', '멀건 흰죽', '사료' 등으로 옮기는 성경도 있는데, 달걀흰자나 흰죽을 소금도 없이 무슨 맛으로 먹겠냐는 해석으로 보인다. 욥의 고향에서 아욱은 특별한 맛은 없으나 냄새가 나쁘지 않고 무엇보다도 기근을 견디게 해 주는 음식이었다고 한다. 유대인에게 아욱은 가난과 고통의 상징이다.
3 접시꽃은 아욱목 아욱과 접시꽃속이고, 장미는 장미목 장미과 장미속이다.

지혜,
지식

제라늄

GERANIUM

두 마리 새의 이름에 기원을 둔 제라늄은 어쩌면 바람의 사촌이라고 볼 수 있을 것이다. '두루미'를 뜻하는 그리스어 '제라니오스geranios'와 '황새'를 뜻하는 라틴어 '펠라르고늄pelargonium'이 결합한 이름인 만큼 제라늄도 두 종류로 나뉜다. 식물학적으로 제라늄Geranium으로 분류되는 종과 우리 정원에서 흔히 볼 수 있는 펠라르고늄이다.[1] 제라늄은 지구상에 아주 흔한 꽃 중 하나로, 어느 지역에서나 쉽게 찾아볼 수 있다. 어원이 새라는 사실에서 알 수 있듯, 제라늄은 곧 지혜와 지식의 동의어다. 아랍 지역에서 전해지는 한 전설에 따르면 제라늄의 기원에서 신성神聖까지 엿볼 수 있다. 어느 날 선지자 무함마드Muhammad[2]가 셔츠를 햇볕에 말리기 위해 어떤 식물에 널어 두었는데, 셔츠가 어느새 제라늄으로 뒤덮여 반짝였다는 것이다. 제라늄에 관한 미신 또한 셀 수 없이 많아 알려진 것만 400가지가 넘는다. 예를 들어 미국 뉴잉글랜드New England[3]에서는 제라늄이 뱀을 쫓는다고 여기며, 꽃이 땅을 가리키듯 휘면 인간의 영혼이 과거에 갇혀 있음을 경고하는 것이라 믿었다. 그런가 하면 장밋빛 제라늄은 종종 사랑의 주문을 외우는 데에 이용되었다.

---

1 제라늄속과 펠라르고늄속은 '쥐손이풀과(Geraniaceae)'로 분류된다. 제라늄은 자연에서 야생 상태로 자라고, 화원이나 화단에서 재배하는 펠라르고늄은 제라늄보다 크고 화려하다. 두 속이 혼동되는 것은 초기에 칼 폰 린네가 두 식물을 같은 속으로 분류했기 때문이다. 훗날 학명이 재정비되었지만 이미 '제라늄'이라는 이름이 워낙 널리 퍼져 펠라르고늄속 종들 또한 계속해서 제라늄이라고 불리게 되었다.
2 570경~632, 이슬람교의 창시자. 메카 교외 히라 언덕에서 신의 계시를 받아 유일신 알라에 대한 숭배를 가르치기 시작했으며 정치적, 역사적으로 지대한 영향을 미쳤다.
3 미국 동북부 대서양 연안 지역을 통틀어 이르는 말. 메인, 뉴햄프셔, 버몬트, 매사추세츠 등의 여섯 주가 포함된다. 영국계 이민자들이 많이 살았으며 미국 발전의 원동력이 되었다.

겸손

제비꽃

VIOLET

150

자그마하고 향기로운 제비꽃은 사람 이름이자 색상 명으로도 불리며 수많은 신화와 전설에 등장한다.[1] 그리스 신화에서는 제비꽃의 기원에 얽힌 수많은 이야기가 전해진다. 제우스는 님프 이오Io[2]를 사랑했는데 헤라에게 불륜을 들킬까 봐 이오를 암송아지로 만들고, 그런 이오를 기쁘게 하려고 제비꽃을 탄생시킨다. 로마 신화에서는 님프들이 제비꽃으로 다시 태어난다. 미와 사랑의 여신 베누스는 주변에서 한가하게 노니는 님프들과 자신 중 누가 더 아름다우냐고 아들 큐피드에게 묻는다. 큐피드가 님프들이라고 대답하자 격분한 베누스는 그들을 제비꽃으로 변하게 해 버린다. 한편 역사 속에서도 제비꽃을 찾아볼 수 있다. 엘바섬으로 유배된 나폴레옹 1세는 봄에 제비꽃이 피면 프랑스로 돌아갈 것이라고 선언한다. 나폴레옹과 조제핀Joséphine de Beauharnais[3]의 관계에서도 제비꽃은 중요한 역할을 했다.[4] 이 때문에 제비꽃은 보나파르트의 추종자와 배신자를 재빠르게 구분해 내는 코드 명이 되었고, 방문객들에게 "제비꽃을 좋아합니까?"라고 물어 황제에게 충성을 다하는지를 알아냈다.

---

1   제비꽃의 속명 '비올라(Viola)'는 보라색을 뜻하는 라틴어로, 제비꽃을 이르는 프랑스어 '비올레트(Violette)'와 영어 '바이올렛(Violet)' 모두 보라색을 뜻하는 한편 사람 이름으로도 쓰인다.
2   그리스 신화에 등장하는 아름다운 여인. 아르고스 왕이자 강의 신 이나코스의 딸로 인간이라는 설과 님프라는 설이 있다. 제우스는 이오에 대한 사랑을 아내 헤라에게 들킬 것을 염려해 이오를 암소로 변신시킨다. 이오는 여러 나라를 떠돌다가 이집트에 가서 아들 에파포스를 낳고 인간으로 돌아와 여왕이 되었다. 소로 변한 이오가 거친 풀만 먹고 지내는 것을 안타깝게 여긴 제우스가 먹어도 속이 편한 부드러운 풀을 만들어 주었는데, 이 식물이 제비꽃이라고 전해진다. 제비꽃의 색이 다양한 이유도 이오의 힘들었던 삶이 반영된 결과라고 한다.
3   1763~1814, 나폴레옹 보나파르트의 아내이자 프랑스 제국의 황후. 전남편이 프랑스 혁명 때 처형된 후 나폴레옹과 결혼했으나 이후 반복된 불륜과 사치, 적통을 잇지 못했다는 이유 등으로 이혼당한다.
4   제비꽃을 좋아하던 조제핀에게 나폴레옹이 자주 꽃다발을 선물했다. 엘바섬에서 파리로 돌아온 나폴레옹이 조제핀의 무덤을 찾아가 제비꽃을 뿌렸다는 이야기도 전해진다.

평온,
잠

VALERIAN

쥐오줌풀

뿌리에서 안정제 성분이 분비되는 것으로 잘 알려진 쥐오줌풀은 5월부터 8월까지 매우 아름다운 담홍색 꽃을 피운다. 히포크라테스는 기원전 5세기에 이미 몇몇 부인과 질병을 치료하기 위해 쥐오줌풀을 활용했다. 꽃잎을 빻아서 작은 봉지에 넣은 후 베개 밑에 두면 근심을 달랠 수 있고, 바닥에 뿌리면 악령을 쫓을 수 있다는 믿음도 전해진다. 기독교 전통에서 잘 알려진 설령쥐오줌풀과 사촌지간으로, 예수의 아버지 성 요셉을 상징해 프란체스코 교황Papa Francesco[1]은 이 꽃을 그의 문장으로 삼기도 했다.[2] 그림 형제가 쓴 《하멜른의 피리 부는 사나이Der Rattenfänger von Hameln》로 유명해진 전설에도 쥐오줌풀이 등장한다.[3] 하멜른에 있는 작은 마을에 쥐가 들끓는다. 어느 날 한 젊은 남자가 이 현상을 없애겠다고 호언장담하며 나타나서는 호주머니를 쥐오줌풀로 가득 채운 후 피리를 불기 시작한다. 그러자 쥐들이 마을 밖 강까지 그를 따라갔고 그대로 물에 빠져 죽는다.[4] 쥐오줌풀의 뿌리는 실제로 동물들을 흥분하게 하는 효과가 있다고 한다.

---

[1] Jorge Mario Bergoglio, 1936~2025, 가톨릭 역사상 최초의 아메리카 대륙 출신 교황이자 최초의 예수회 출신 교황.

[2] 프란체스코 교황의 문장이자 성 요셉을 상징하는 이 식물은 기독교에서는 '나드(nard)', 라틴어로는 '나르도(nardō)'라고 불린다. 마타리속, 쥐오줌풀속을 포함한 마타릿과로 학명은 발레리아노이데아이(Valerianoideae)이며 중앙아시아 고지대가 원산지이지만 멕시코 및 중앙아메리카에 널리 퍼져 있다. 고대부터 매우 귀하게 여겨 향유인 '나르드유'로 만들었다. 이 향유는 신성하고 무한한 사랑을 상징해 성경에도 자주 등장하며 마리아가 예수의 머리와 발에 발랐다고 전해진다.

[3] 독일 서북부 하멜른 지방에서 전해지는 이 전설은 1284년 6월 26일 아이들 130명이 실종되었다는 기록에서 유래되었다. 14세기 하멜른 교회 스테인드글라스에 그림과 함께 글로 기록된 것이 최초의 이야기로 전해진다.

[4] 이야기는 여기에서 끝나지 않는다. 쥐 퇴치의 대가로 약속된 돈을 받지 못한 남자는 화가 나 마을 아이들을 피리로 현혹하고, 모두 함께 사라져 다시는 돌아오지 않는다.

아름다움,
나르시시즘, 허영

초롱꽃

BELLFLOWER

푸른빛을 띠는 아름다운 보라색 꽃, 초롱꽃은 여름이면 시골 마을이나 산 중턱에 무성하게 피어난다. '베누스의 거울'이라는 별명은 고대 신화에서 비롯되었다. 사랑의 여신 베누스는 자신이 얼마나 아름다운지 확인하기 위해 하루 종일 들여다보던 거울을 잃어버린다. 큐피드가 이 귀중한 물건을 찾아내지만, 돌아오는 길에 떨어뜨리는 바람에 거울이 깨지고 만다. 그리고 유리 조각이 떨어진 자리에서 초롱꽃 한 송이가 피어나 눈부시게 반짝거린다. 이렇듯 초롱꽃은 아름다움의 상징인 동시에 그에서 비롯되는 허영을 경고하는 꽃이기도 하다. 독일에서도 초롱꽃에 관한 일화가 전해지는데 이 이야기에 등장하는 초롱꽃의 학명은 *캄파눌라 라풍쿨루스Campanula rapunculus*로, 흔히 라푼젤Rapunzel이라고 부른다. 그림 형제[1]의 동화 《라푼젤》에서 한 마녀가 뒷마당에 초롱꽃을 기른다.[2] 이웃집 임신부가 남편을 시켜 이 식물을 몰래 가져오도록 하는데 불행하게도 남편은 마녀에게 붙잡히고, 마녀는 뱃속 아이를 주면 용서하겠다고 말한다. 이 사악한 마녀는 태어난 아기에게 '라푼젤', 즉 초롱꽃이라는 꽃 이름을 붙인다.

---

1 독일의 야코프 그림(Jacob Grimm)과 빌헬름 그림(Wilhelm Grimm) 형제로 함께 민담을 수집하고 동화를 썼다. 《그림 동화》로 유명하며 이 책에는 〈백설 공주〉, 〈잠자는 숲속의 공주〉, 〈헨젤과 그레텔〉 등 유명한 동화가 수록되어 있다.
2 캄파눌라 라풍쿨루스는 유럽에서 식용으로 널리 재배했다. 생김새는 양배추나 양상추와 비슷하며 잎을 시금치처럼 먹을 수 있고 뿌리는 무와 유사하다.

언쟁, 애도,
사랑

카네이션

CARNATION

몰리에르Molière[1]는 생애 마지막 순간 단춧구멍에 카네이션 한 송이를 매달고 있었고, 시인 오스카 와일드Oscar Wilde[2]가 항상 지니고 다니던 초록색 카네이션은 빅토리아 시대 영국에서 동성애자들의 표식이 되었다. 카네이션은 세계 곳곳에서 정치 논쟁과 얽혀 있기도 해서 차례로 프랑스 왕당파,[3] 살라자르António de Oliveira Salazar[4] 독재 반대파,[5] 독일 기독교 민주연합[6]의 상징이 되었다.[7] 또한 이탈리아, 튀르키예, 멕시코에서는 애도를 나타내기 위해 카네이션으로 근조 화환을 제작한다. 붉은 카네이션은 사랑의 정열을 나타내는 한편 노동 운동과 5월 1일 메이데이를 상징하기도 한다. 하지만 플라망인[8]들은 색깔과 상관없이 카네이션을 지속적인 사랑과 그 맹세로 여기며, 미국에서는 효심을 나타내기 위해 어머니의 날이면 축제용 꽃다발로 만든다. 카네이션은 아시아에서도 인기가 많은데 한국에서는 미국과 마찬가지로 어버이날, 스승의 날에 감사 인사로 건넨다. 카네이션의 학명은 디안투스Dianthus인데

---

1 1622~1673, 프랑스의 극작가이자 배우로 본명은 장 바티스트 포클랭(Jean Baptiste Poquelin)이다. 코르네유, 라신과 함께 프랑스 고전극을 대표하며 여러 복잡한 성격 묘사를 통해 프랑스 희극을 시대의 합리적 정신에 합치하는 순수 예술로 끌어올렸다. 작품으로 《타르튀프》, 《인간 혐오》, 《수전노》 등이 있다.
2 1854~1900, 아일랜드의 시인이자 소설가, 극작가. 19세기 말 유미파를 대표하며 작품으로 희곡 《살로메》, 동화 《행복한 왕자》, 장편소설 《도리언 그레이의 초상》 등이 있다.
3 1789년 프랑스 대혁명과 나폴레옹 전쟁 당시 프랑스 왕국과 부르봉 왕가를 지지하던 세력을 이른다.
4 1889~1970, 포르투갈의 정치인으로 1932년부터 1968년까지 36년간 총리로 재임하며 독재 체재를 구축했다.
5 살라자르가 수립한 독재 정권을 무너뜨리기 위해 시민들이 거리로 나와 혁명군에게 카네이션을 달아 주었다. 이 무혈 혁명으로 포르투갈은 마카오를 제외한 모든 해외 식민지에 대한 권리를 포기했고 민간 정부가 수립되었다. 이를 카네이션 혁명이라고 부른다.
6 약칭 CDU로 1945년 나치 정권 붕괴 후 결성되었다. 정당 이름에 '기독교'라는 단어를 포함하지만 기독교 근본주의가 아닌 기독교와 민주주의의 조화를 추구한다.
7 2차 세계 대전 기간에 네덜란드인들이 나치에 저항해 흰색 카네이션을 달기도 했다.
8 벨기에의 플랑드르 지방과 프랑스 북부 지방에 분포하는 주민. 보수성이 강하며 가톨릭을 믿는다.

'신'이라는 의미의 그리스어 '디오스dios'와 '꽃'이라는 의미의 '안토스anthos'가 합쳐서 유래했다. 카네이션은 곧 제우스의 꽃으로 지중해에 요람을 두고 있다.[9]

---

[9] 디안투스는 속명으로, 한국어로는 '패랭이꽃속'이다. 카네이션, 패랭이꽃, 수염패랭이꽃 등 그 종에 따라 북아메리카와 남아프리카, 아시아 등에 광범위하게 서식한다.

희망, 격정, 정열

크로커스

CROCUS

구약 성경에서 크로커스는 두 가지 모습으로 등장한다. 아가雅歌[1]는 이 아름다운 꽃을 "평원의 크로커스, 계곡의 연꽃 한 잎"이라고 기술했으며, 《이사야서Isaiah》[2]에는 "사막과 불모의 나라가 다시 만난다. 고독이 쾌적해하고 크로커스 같은 꽃 한 송이가 피리라"라고 쓰여 있다. 겨우내 내린 눈 아래에서 뾰족한 꽃잎을 내미는 크로커스는 일반적으로 1년 중 제일 처음 피어나는 꽃이며, 일부 지역에서는 가을의 끝자락에 개화하기도 한다. 이런 특성 때문에 크로커스는 꽃들 중에서도 희망과 힘, 열정과 기대를 가장 잘 구현한다. 크로커스는 그리스 신화에 여러 번 등장하는데 모든 이야기가 정열과 관련 있다. 제우스와 헤라가 사랑을 나눌 때면 어디에서나 크로커스를 볼 수 있다. 이처럼 일찍부터 열정의 동의어였던 크로커스가 등장하는 가장 유명한 전설은 아름다운 청년 크로커스Crocus와 님프 스밀락스Smilax 이야기다. 둘은 아테네 인근 숲에서 행복한 시간을 보내곤 했는데, 연인의 끊임없는 구혼에 지친 스밀락스가 질린 나머지 청년을 크로커스 사프란 꽃[3]으로 변하게 해 버린다.[4] 크로커스 꽃잎에는 생생한 주황색 얼룩이 있는데, 오늘날 이 빛깔은 절대 사그라지지 않는 열정을 가리킨다고 여겨진다. 개화 시기가 짧아 꽃의 말로는 "당신을 사랑하기가 두렵습니다" 혹은 "저는 희망합니다, 하지만 두렵습니다"라는 말을 전한다.

1 구약 성경의 한 편. 여덟 장으로 이루어진 문답체 노래로, 남녀 간 아름다운 연애를 찬양한다. 저자는 이스라엘의 왕 솔로몬으로 추정되지만 확실하지 않다.
2 기원전 8세기 무렵 유대의 선지자 이사야가 쓴 예언서로, 이스라엘 및 여러 국가에 대한 예언과 여호와의 궁극의 승리에 대해 기록되어 있다.
3 사프란 크로커스(saffron crocus)라는 붓꽃과 종 중 하나로 학명은 *크로커스 사티버스*(*Crocus sativus*)다. 수많은 크로커스종 중 유일하게 사프란이라는 향신료를 채취할 수 있으며, 가을에 꽃을 피운다.
4 인간 크로커스와 불멸의 요정 님프의 사랑을 안타깝게 여긴 신들이 둘을 꽃으로 다시 태어나게 했다는 설과 님프를 짝사랑한 인간 크로커스가 상사병으로 죽은 후 무덤가에 꽃으로 피어났다는 설이 있다. 두 사람이 함께 꽃으로 변했다는 이야기에서 스밀락스는 과꽃이 된다.

끈기, 인내,
추억

PERIWINKLE

큰잎빈카

봄이면 커다란 나무 아래에서 무성하게 꽃을 피우는 큰잎빈카는 땅에 바짝 달라붙어 자라는 특성이 있어 끈기와 일관성의 상징으로 여겨진다. 특유의 연보랏빛 꽃잎을 자랑하는데, 이 때문에 영어 이름인 페리윙클[1]은 색깔 이름이기도 하다. 서로에 대한 욕망과 절개를 기대하며 부부 침대 매트리스 속에 큰잎빈카 잎을 넣어 놓는 관습도 있다. 꽃의 말로 큰잎빈카는 달콤한 추억을 이야기한다. 아마도 장자크 루소Jean-Jacques Rousseau[2]에게서 시작된 것으로 보이며, 《고백록Les Confessions》[3]에 따르면 철학자 루소는 연인이던 바랑 부인Madame de Warens[4]의 손짓으로 처음 이 꽃을 발견한다. 그로부터 30년이 지난 후 친구와 함께 약초를 재배하던 루소는 생애 두 번째로 큰잎빈카를 보고는 지나가 버린 행복했던 나날을 떠올린다. 한편 큰잎빈카는 프랑스에서는 '마녀의 보라색violette des sorciers', 이탈리아에서는 '죽음의 꽃fior di morto'으로 통하며 특히 유럽 남부 지역에서는 장례식에 자주 사용한다. 웨일스Wales[5]에서도 묘비가 큰잎빈카로 뒤덮인 모습을 자주 볼 수 있는데, 그 꽃을 따면 위험에 처한다는 믿음이 전해진다. 비슷한 이유로 문에 큰잎빈카 다발을 매달아 놓으면 집에 깃든 불길한 것들을 쫓아낼 수 있다고 믿는다.

---

1   우리나라에서는 빈카라는 이름보다 영어명인 페리윙클로 불린다.
2   1712~1778, 프랑스의 작가이자 사상가. 이성보다 감성을 중요시하는 낭만주의의 기초를 마련했으며 인위적인 문명사회의 타락을 비판하고 자연으로 돌아갈 것을 역설했다. 저서로 《인간 불평등 기원론》, 《사회계약론》 등이 있다.
3   루소의 자서전이자 참회록. 어린 시절과 청년기의 찬란했던 한때와 박해받고 침울했던 파리의 한때까지 가감 없이 기록되어 있다.
4   Françoise-Louise de Warens, 1699~1762, 젊은 시절 루소의 후원자였으나 이후 유사 모자 관계 혹은 연인 관계로 지냈다고 알려졌다.
5   영국 서남부 반도로 1536년 헨리 8세가 영국에 완전히 합병하여 잉글랜드 문화에 융화되었다.

지속되는
사랑

클레마티스

CLEMATIS

그리스어 '클레마티스klematis'는 '덩굴' 혹은 '새하얀'이라는 뜻이다. 야생에서 자라며 믿을 수 없을 만큼 다양한 형태로 색색의 꽃을 피우는 고운 자태가 큰 즐거움을 준다고 하여 영어권 국가에서는 '여행자의 기쁨traveller's joy'이라는 별칭으로도 부른다. 한편 중세 프랑스에서는 가난한 사람들이 구걸할 때 이 꽃을 문질러 팔다리를 붉게 만든 후 사람들의 동정을 이끌어 냈다 하여 '가난뱅이의 허브herbe aux gueux'라고 불렀다. 게르만 전설에 따르면 무성하게 얽혀 피어나는 클레마티스가 차단벽이 되어 이집트로 탈출하는 요셉과 마리아, 아기 예수를 숨겨 주었다고 한다.[1] 극동 지방에서 이 꽃은 변함없고 지속적인 사랑의 상징이다. 그래서 일본에서는 결혼식 예복으로 클레마티스를 수놓은 화려한 기모노를 입기도 한다. 러시아에서도 이 꽃을 기리며 전해지는 이야기가 있다. 카자크Kazak[2] 전사들은 타타르Tatar[3]와 벌인 유명한 전투를 기억하기 위해 허리띠에 클레마티스 꽃가지를 꽂고 다녔다고 한다.

---

1 유대의 왕 헤롯은 동방 박사가 예언한 새로운 유대의 왕에게 왕위를 빼앗길 것이 두려워 주변의 사내 아기를 모두 죽이라는 명령을 내린다. 이때 요셉과 마리아가 아기 예수를 데리고 이집트 땅으로 탈출한다.
2 러시아 남부 국경 근처 군영 지대에서 농사를 지으며 군무에 종사하던 이들을 가리킨다. 말을 잘 타 기병으로 복무했다.
3 러시아 연방 중동부, 볼가강과 카마강 유역에 위치한 자치 공화국. 10세기 이후 튀르키예계 민족이 국가를 세우고 16세기 러시아에 병합되었다가 1920년에 자치 공화국이 되었다. 주민 대부분이 타타르인과 러시아인이다.

장수,
건강

타임

THYME

봄이 오면 타임 줄기에는 하얀색이나 분홍색 꽃들이 작게 피어나지만, 이 식물에 지금의 명성을 안긴 것은 비늘처럼 생긴 가느다란 잎이다. 이집트인과 에트루리아인Etruria[1]은 망자의 시신을 방부 처리할 때 타임을 이용했다. 그리스 신화에서는 제우스와 레다Leda[2]의 딸인 아름다운 헬레네Helene[3]가 파리스Paris[4]에게 납치된 후 슬픔에 빠져 눈물을 흘리는데, 타임 수풀이 그 눈물을 머금었다는 이야기가 있다. 고대 그리스어로는 '불멸'을 뜻하는 '투모스thumos'라고 불리기도 하는데 사계절 내내 잎이 푸르기 때문이다.[5] 그리스인들은 이 식물이 용기를 심어 준다고 믿었다. 이 믿음은 중세까지 이어져 전장에 나가는 기사에게 아내가 타임 다발을 건네곤 했다. 악몽을 쫓고 숙면을 돕는다고 하여 베개 아래 두거나, 저승으로 가는 길을 편안하게 해 준다고 하여 관 위에 놓기도 한다. 앵글로·색슨 사람들은 이 식물이 자라는 정원이라면 어디든 요정들이 찾아와 좋은 일을 잔뜩 안겨 준다고 믿는다.

[1] 로마 발흥기 이전 중부 이탈리아에서 정치적, 문화적으로 번영했던 민족. 왕국을 세웠다가 로마에 정복되었으나 로마의 제도와 문화에 많은 영향을 끼쳤다. 지금의 토스카나 지방이다.
[2] 그리스 신화에서 스파르타의 여왕이 된 아이톨리아의 공주. 오비디우스에 따르면 아름다운 검은 머리와 눈처럼 하얀 피부로 유명했다. 백조로 변장한 제우스에게 유혹당했다.
[3] 그리스 신화에 등장하는 절세미인. 스파르타 왕 메넬라오스의 아내이지만 파리스의 유혹에 넘어가 함께 트로이로 도주하는 바람에 그리스와 트로이 사이에 전쟁이 발발한다. 사랑의 도피가 아닌 납치라는 설도 있다. 그리스군이 승리한 후 다시 스파르타로 돌아간다.
[4] 트로이의 마지막 왕 프리아모스의 아들. 헤라, 아테나, 아프로디테 중 자신에게 지상 최고의 미인을 주겠다고 한 아프로디테를 자신의 여신으로 택하자, 아프로디테는 스파르타의 왕비 헬레네를 트로이에 데려오고 이는 트로이 전쟁의 시발점이 된다. 전쟁 끝에 독화살을 맞고 죽는다.
[5] 우리나라에 자생하는 종은 '백리향'이라고 부른다. 그 향기가 백 리를 간다고 해서 붙은 이름으로 갖은 약재로 쓰인다.

관능,
진실한 사랑

투베로즈

TUBEROSE

멕시코에서 유래한 투베로즈는 디올Dior의 '쁘와종 Poison', 로베르 피게Robert Piguet의 '프라카Fracas', 프레데릭 말Frederic Malle의 '카날 플라워Carnal Flower' 등 매혹적인 향수들을 탄생시켰다. 향기를 맡은 임신부의 몸 상태를 나쁘게 만든다고 알려져 루이 14세의 정부, 라 발리에르 공작 부인Louise de La Vallière[1]은 자신이 임신하지 않았다는 사실을 왕비에게 증명하기 위해 자신의 살롱에 투베로즈를 두기도 했다. 빅토리아 시대 영국 소녀들은 투베로즈가 만발한 정원을 산책하지 못하도록 금지당했는데, 향기에 혼란스러워지고 자제력을 잃을 위험이 있다고 믿었기 때문이다. 투베로즈는 인도에서 가장 널리 쓰이고 사랑받아서 치자나무 혹은 재스민과 비슷한 매혹적인 짙은 향기를 내뿜는 풍성하고 하얀 꽃잎으로 화환을 만들기도 하고, 종교 의례 장소나 결혼식장을 아름답게 꾸민다. 날이 저물면 그 향이 더욱 강해져 인도에서 쓰이는 두 언어인 벵골어Bangla[2]나 힌디어Hindi[3]로 '밤의 향기'라고 불린다.[4] 꽃의 말로 투베로즈는 진실하고 성실한 사랑을 전한다.

[1] 1644~1710, 루이 14세의 애첩 중 한 명으로 그의 아이를 낳은 후 공작 작위를 받았지만 궁중 암투에서 밀려나 수녀원에서 불행한 말년을 보냈다.
[2] 인도·유럽 어족의 인도·아리아어파에 속한 언어. 오늘날 인도의 벵골주와 방글라데시의 공용어.
[3] 인도·유럽 어족의 인도·이란어파에 속한 언어로 힌두스타니어에서 분리되어 독립적으로 쓰이며 인도 헌법에 규정된 공용어 가운데 하나다.
[4] 같은 이유로 한국에서는 투베로즈를 '월하향(月下香)', 즉 '달 아래 향기'라고 부른다.

풍요,
사랑

튤립

TULIP

'튤립'이라는 이름은 '터번'을 뜻하는 튀르키예어 '튈벤트tülbent'에서 유래했는데, 튀르키예인들이 터번에 튤립을 꽂고 다녔기 때문으로 보인다. 봄이면 콘스탄티노플[1] 주변 대평원에 무성히 만개한 튤립은 재생과 다산의 위대한 상징이 되었다. 튤립은 17세기가 되어서야 네덜란드로 건너갔고 사람들을 열광시켰다. 이는 곧 투기로 이어져 1637년 2월, 국가 경제 위기를 초래하는 사건이 되었다.[2] 꽃의 말로 튤립은 사랑을 상징하는 것이 일반적이지만 색깔에 따라서 의미가 조금씩 달라진다. 자주색은 왕권, 흰색은 용서를 이야기하며 노란 튤립은 희망 없는 사랑의 표현으로 여겨지다가 오늘날에는 기쁨과 태양을 구현한다. 붉은 튤립은 완전한 사랑을 전한다.

꽃의 말

[1] 오늘날 튀르키예 이스탄불의 옛 이름. 과거 로마제국, 라틴 제국, 오스만 제국의 수도다.
[2] 17세기 네덜란드 공화국에서 발생한 '튤립 파동'을 이른다. 아주 희귀한 색깔 튤립을 부유층에 팔면 큰돈을 받을 수 있는 터라 빈곤층부터 유명인까지 많은 사람들이 전 재산을 탕진해 가며 튤립 구근을 구매하거나 재배에 몰두했다. 튤립 구근 가격은 하루에도 두세 배씩 오르다가 한 달 동안 수천 퍼센트나 상승하는 기록을 세운다. 1636년에 가장 비쌌던 튤립 한 송이는 2,500길더로, 오늘날 금 가치로 환산하면 약 3,000만 원에 이를 것으로 추정된다. 하지만 유행이 금세 사그라들면서 투기에 가세한 이들은 하루아침에 파산한다. 오늘날 거대한 경제 거품을 가리킬 때도 종종 '튤립 파동'이라는 용어를 쓴다.

우정,
사랑의 추억

팬지

PANSY

보랏빛 팬지는 봄부터 늦가을까지 꽃을 피우기 때문에 원예용으로 널리 퍼지고, 가정에서도 쉽게 키울 수 있게 되었다. 우리네 할머니, 할아버지의 정원에서부터 널리 퍼져 나간 팬지는 번식력이 왕성한 데다 꽃도 풍성하고 탐스럽게 피어 낭만적인 별명을 많이 얻었다. 최근 탄생한 교배종에는 고유의 이야기가 없지만, 그래도 여전히 사람들의 생활에 밀접해 감성을 자극하는 민속이나 스포츠 분야에 많은 영감을 준다. 그 예로 미국에서 팬지는 '풋볼 플라워football flower'라고도 불린다. 밀워키Milwaukee[1] 풋볼 팀이 장식 공을 만들기 위해 검정 팬지와 하얀 국화를 쓴 데에서 유래했다. 푸른색 팬지는 꽃의 말로 "저는 우리 사랑을 믿습니다"라는 의미를 전한다. 독일의 유명한 전설에 따르면 유난히 사랑받던 팬지가 아직 제비꽃[2]이라 불리던 때, 이 꽃을 꺾기 위해 들판을 누비는 사람들로 인해 풀들이 짓밟혔고 가축은 굶주려야 했다. 고통받는 동물들을 보며 팬지는 차라리 향기를 잃게 해 달라 기도했고, 그렇게 향기 없는 꽃이 되었다. 한편, 팬지는 영국 월턴온템스Walton-on-Thames[3] 지역 한 저택 정원에서 메리 엘리자베스 베닛Lady Mary Elizabeth Bennet[4]과 정원사 윌리엄 리처드슨William Richardson의 손에 처음 탄생했다. 이 보랏빛 꽃에 매료된 사람들이 폭발적으로 늘어나 곧 전 세계에 바람을 일으켰다.

---

[1] 미국 위스콘신주 동남쪽에 위치한 상공업 도시. 맥주 공업으로도 유명하다.
[2] 팬지는 제비꽃과 제비꽃속이다. 한국에서는 '삼색제비꽃'이라고 부르기도 한다.
[3] 템스강 남쪽 기슭에 있는 도시.
[4] 1785~1861, 정원사 윌리엄 리처드슨과 함께 아버지의 정원에서 자라는 제비꽃 품종을 전부 교배해 다양한 교잡종을 개발했다. 1812년 영국 원예계에 팬지를 소개하며 대중적 인기를 끌었다.

축하,
쾌활

포인세티아

POINSETTIA

포인세티아의 줄기 윗부분에는 꽃과 유사한 선명하고 붉은 반점이 있다. 색깔뿐만 아니라 모양까지 화려한 이 꽃은 미국과 멕시코, 유럽 등지에서는 연말 파티의 주역이 되곤 한다. 프랑스에서는 '크리스마스의 별étoile de Noël'이라 칭송하고, 스페인에서는 '성스러운 밤의 꽃flores de noche buna'이라고 부른다. 포인세티아의 흔적은 아즈텍에서부터 발견되는데, 아즈텍 사람들은 이 꽃의 색소로 직물을 염색하고 수액으로는 열을 낮추었다고 한다. 그 기원에 대해서는 두 가지 이야기가 전해진다. 한 멕시코 아이가 크리스마스를 맞아 예수 그리스도에게 선물하고 싶었지만, 너무도 가난해 제단 앞에 놓을 나뭇잎 한 다발만 겨우 구할 수 있었다. 그런데 그중 가장 높이 삐져나온 잎사귀들이 선명한 붉은색을 띠기 시작하더니 꽃으로 변했다. 포인세티아는 그렇게 세상에 처음으로 나타났다. 한편 아즈텍 신화에 따르면 비극적 사랑 때문에 슬퍼하다가 죽음에 이른 여신이 흘린 피가 스며들어 포인세티아의 잎이 붉어졌다고 한다. 프랑스에서는 12월 12일을 포인세티아의 날로 지정해 기념한다.[1]

---

[1] 시작은 프랑스가 아니라 미국으로, 1820년대에 멕시코 특사로 활동하던 정치가이자 의사, 식물학자인 조엘 로버츠 포인세트(Joel Roberts Poinsett, 1779~1851)에게 헌정한 꽃이다. 멕시코의 정치 불안정을 염려한 포인세트는 멕시코에서 미국의 이익을 증대하려고 다방면으로 노력했고, 멕시코시티 남부 지역을 방문했을 때 멕시코 사람들이 플로르 데 노체부에나(Flor de Nochebuena)라고 부르던 꽃을 발견한다. 열렬한 아마추어 식물학자이던 그는 이 식물 표본을 미국으로 보냈고, 1836년부터 미국에서 그의 이름을 따서 '포인세티아'라고 부르기 시작했다. 미국 의회는 1851년 12월 12일, 포인세트의 죽음을 기리며 2002년에 이날을 국가 기념일로 지정했고, 포인세티아의 날은 네덜란드, 스페인, 캐나다, 프랑스 등으로 퍼져 나갔다.

사랑 고백,
타오르는 사랑

한련화

INDIAN CRESS

남아메리카 볼리비아와 페루 사이에 걸쳐 뻗은 안데스산맥Andes[1]에서 유래한 이 식물은 은은한 후추 향이 나서 '인디언 크레스Indian cress'[2]라고도 불린다. 케추아족Quechuas[3]은 약으로 쓰기 위해 한련화를 재배했는데, 벌새들이 수분受粉을 도왔다. 네덜란드인에 의해 북반구로 건너온 뒤에는 뒤영벌[4]이 벌새의 임무를 대신했다. 유럽에서는 태양왕 루이 14세Louis XIV[5]의 궁정에서 한련화에 대한 최초 기록을 찾아볼 수 있다. 태양왕은 자신이 가장 사랑한 맹트농 부인Madame de Maintenon[6]에게 한련화 꽃다발을 기꺼이 바쳤다고 한다. 주로 사제들이 정원이나 교회 주변에서 가꾼 꽃인 만큼 신앙심 깊은 여성들은 한련화를 받고 기뻐하지 않을 수 없었을 것이다. 감성적인 꽃의 말에서 한련화는 그 색에 따라 다양한 마음을 드러낸다. 하얀색은 순수한 마음을 전하고, 노란색은 수줍은 첫사랑을 고백한다. 오렌지색은 상대를 유혹하고자 하는 마음이며 빨간색은 뜨겁게 불타오르는 열렬한 사랑을 뜻한다.

---

1   남아메리카 서쪽에 있는 세계에서 가장 긴 산맥.
2   크레스(cress)는 갓류 식물을 가리키는 말로, 샐러드나 샌드위치에 넣어 먹는 허브다. 알싸한 향과 맛이 특징이다.
3   남아메리카 페루 안데스 산지에 사는 원주민으로 잉카 문명을 발달시켰다. 오늘날 폐쇄적인 원주민 촌락을 형성하고 농업에 종사한다.
4   꿀벌과 벌로 몸길이는 약 2cm이고 가슴과 배는 검은 갈색을 띠지만 가슴 쪽에 노란 털이 나 있다. 일본, 한국, 시베리아, 유럽에 분포하며 땅속에 집을 짓고 산다.
5   Louis de France et de Navarre, 1638~1715, 프랑스 부르봉 왕조의 왕. 왕권신수설 아래 중앙 집권을 강화하고 영토를 확장했으며 문화의 황금시대를 이루었다.
6   Françoise d'Aubigné, Marquise de Maintenon, 1635~1719, 루이 14세의 정부로 국왕과 비밀리에 결혼식을 올렸으나 공식 왕비가 되지는 못했다.

용기, 장수,
충성심

해바라기

SUNFLOWER

하늘에서 움직이는 태양의 궤도를 쫓는 이 커다란 꽃은 신대륙에서 유래했다. 아즈텍인과 멕시코의 오토미족Otomi[1], 페루의 잉카족Incas[2]까지 남아메리카 여러 민족에서 해바라기는 태양신을 상징했다. 잉카의 무녀들이 사용하던 커다란 금 쟁반은 거대한 해바라기를 의미했다. 한편 북아메리카 원주민들은 이 식물이 용기를 상징한다고 여겨서 전투를 앞두고 힘을 끌어올리기 위해 해바라기 가루로 구운 케이크를 먹었으며 사냥할 때에는 옷에 해바라기 꽃가루를 뿌려 기운을 북돋웠다. 그런가 하면 아메리카 원주민 부족 남성 사이에는 해바라기를 최음제로 사용하는 풍습도 있었다. 해바라기에 아르지닌arginine[3] 성분이 들어 있다는 사실은 훗날에야 밝혀졌다. 중국에서 해바라기는 충성, 열정, 힘을 의미하는 태양의 식물일 뿐만 아니라 장수를 상징하기도 한다. 해바라기에는 토양의 방사능을 정화하는 기능도 있다. 이 능력은 일본 후쿠시마 인근에서 2011년부터 시행한 실험을 통해서도 증명되었다.[4] 해바라기 꽃다발을 선물하는 것은 꽃의 말로 "당신을 열렬히 사랑합니다"라는 뜻이다.

---

[1] 북아메리카 멕시코 중앙 고원에 거주하는 원주민.
[2] 남아메리카 안데스 지대의 페루를 중심으로 문명을 형성한 원주민.
[3] 단백질을 구성하는 염기성 아미노산의 하나로 몸속에서 발생하는 암모니아의 독성을 없애는 작용을 한다. 산화질소의 원료로 근육 이완을 유도해 혈관을 확장하고 혈류량을 증가시킴으로써 발기를 돕는다.
[4] 쓰나미로 후쿠시마 제1원전에서 방사능이 유출된 후 인근 지역에 해바라기를 심는 운동이 시작되었다. 해바라기는 중금속으로 오염된 토양에서 우라늄, 납, 비소, 세슘 등을 흡수하며 미생물이 토양을 정화하는 데 도움을 준다고 한다. 해바라기의 이러한 특성은 1986년 체르노빌 원전 사고 때 근처 호숫가의 해바라기 지대에서 방사성 물질 농도가 확연히 낮게 나오면서 알려졌다. 이렇듯 식물 재배로 환경을 정화하는 것을 '식물 환경 복원'이라고 한다.

정열,
영원한 사랑

헬리오트로프

HELIOTROPE

잎이 언제나 태양을 향한다고 해서 헬리오트로프라고 불리는 이 꽃은 그리스 신화 속 님프, 클리티아의 이야기에 등장한다. 페르시아 공주 레우코토이Leucothoe[1]의 아름다운 두 눈에 푹 빠진 태양신 헬리오스는 연인이던 클리티아를 배신한다. 불행한 클리티아는 며칠 동안 먹지도 마시지도 않고 오로지 태양만을 바라본다. 아름다운 헬리오스는 날마다 빛나는 마차를 몰며 하늘을 지나고, 점점 쇠약해지던 클리티아는 그 자리에서 오래도록 움직이지 않다가 그대로 땅에 뿌리를 내리더니 오로지 태양만을 숭배하는 보랏빛 꽃, 헬리오트로프로 변하고 만다. 로마 시인 오비디우스는 《변신 이야기》에서 클리티아의 "겉모습은 변해도 정열만은 남았다"라고 썼다. 한편 헬리오트로프 전설은 다양하게 변주되기도 하는데, 어떤 이야기에서는 딸이 신과 사랑에 빠지자 분노한 아버지가 레우코토이를 산 채로 땅에 묻어 버린다.[2] 깊은 슬픔에 잠긴 헬리오스는 님프 클리티아에게 눈길조차 주지 않고 아흐레 동안 하늘을 떠돌아다닌다. 또 다른 이야기에서 클리티아는 대양의 님프로 등장한다. 해가 질 무렵, 다른 님프 자매들은 파도 속으로 몸을 숨기지만, 오직 클리티아만은 태양의 신을 지켜보기 위해 해변에 남는다. 그 모습에 안타까움을 느낀 헬리오스는 클리티아를 꽃이 되게 한다.

---

[1] 그리스 신화에 등장하는 바빌로니아의 공주. 헬리오스의 연인이라는 설과 그에게 농락당했다는 설이 존재한다.
[2] 이때 레우코토이는 널리 향기를 퍼뜨리는 유향나무가 된다.

죽음에 이르는
위험

헴록

POISON HEMLOCK

독당근이라고도 불리는 커다란 초본식물[1]인 헴록은 아테네 젊은이들을 타락의 길로 이끌었다는 혐의에 몰린 소크라테스Socrates에게 내려진 사약으로 이름을 알렸다.[2] 당근이나 파슬리와 친척 관계라고 할 수 있는 한편 흑마술에도 쓰여 이른바 마녀들의 집회에 등장하고는 했다. 강신술사나 마법사 중에서도 특히 죽음을 다루는 이들이 악마적인 의례나 주술을 행할 때도 사용했다. 학명 *코니움Conium*은 '휘젓는다'는 뜻인데, 헴록을 먹은 사람이 순식간에 어지럼증을 느끼는 현상에서 비롯됐다.[3] 독성이 워낙 강해서 뱀들도 이 풀과 맞닥뜨리면 몸을 움찔하며 도망가고, 제때 피하지 못한 파충류는 몸이 마비되어 죽는다. 겉으로는 무해해 보이는 데다가 파슬리와 혼동하기 쉬워 아이들이 줄기를 따서 풀피리를 불다가 중독되기도 했다. 러시아와 독일에서는 헴록을 악마의 식물로 여기며, 헴록 꽃다발을 선물하는 것은 "당신은 나의 죽음이 될 것입니다"라는 의미로, 사랑하는 사람에게 고통을 주는 것이나 마찬가지다.

---

[1] 지상부가 연하고 물기가 많아 목질을 이루지 않는 식물을 통틀어 이르는 말. 한해살이, 여러해살이 따위로 나뉜다.
[2] 주로 유럽 쪽에 서식하는 미나릿과 풀로 한국에서는 독당근이라고도 불리며 야생당근과 비슷하지만, 조금만 먹어도 사망에 이를 만큼 독성이 강하다. 과거에 독약이나 사약을 만들 때 주로 사용했으며 셰익스피어의 죽음에 관한 여러 주장 가운데 이 독을 마셨다는 독살설도 제기된다.
[3] 헴록에 포함된 유독 성분이 코닌(coniine)으로, 무색 염기성 액체 상태의 알칼로이드다. 중추신경이나 운동신경, 근육을 마비시키며 심장에 산소 공급이 되지 않아 질식한다. 독이 퍼지는 과정에서 의식은 멀쩡하다고 한다.

예수, 새해,
무관심

호랑가시나무

HOLLY

호랑가시나무는 아름다운 관상식물이지만 기독교도들은 이를 보며 예수 그리스도를 떠올린다. 이집트로 탈출하던 성가족聖家族[1]은 헤롯 왕Herod[2]의 군인들을 피하기 위해 커다란 호랑가시나무 관목 사이에 몸을 숨겼다고 전해진다. 이후 성모 마리아는 가족을 보호해 준 호랑가시나무에 축복을 내리며 영원히 계속되는 주의 말씀처럼 언제나 푸르기를 기원했다. 메시아가 흘린 핏방울처럼 보이는 작고 붉은 열매가 믿음을 위해 크나큰 고통을 견뎌야 했던 예수를 떠올리게 한다고 하여 북부 유럽에서는 '그리스도의 가시'라고 부른다.[3] 한편 한겨울에도 푸르른 생명력을 보여, 호랑가시나무 가지 아래에서 함께 새해 소원을 빌면 생을 살아 낼 힘을 얻는다고 여겨진다. 스칸디나비아 신화에서도 이 식물이 중요한 자리를 차지하는데, 신 중의 신 토르Thor[4]는 집을 낙뢰로부터 보호하기 위해 집 앞에 호랑가시나무를 심어 피뢰침으로 삼았다. 빅토리아 시대 낭만주의에서 공들여 탄생시킨 꽃의 말에 따르면 단단한 데다 가시가 돋은 호랑가시나무는 한편으론 무관심을 뜻한다. 그러니 심장이 얼어붙은 사람처럼 보일 생각이 아니라면 연인에게는 선물하지 않는 편이 나을 것이다.

---

1   성모 마리아, 요셉, 예수로 이루어진 가정을 거룩하게 이르는 말.
2   BC 73경~BC 4, 유대의 왕. 친로마 정책을 펴 유대 왕국을 발전시켰으나 예루살렘 성전과 극장을 건축하면서 과도한 세금을 부과하는 등 폭정을 일삼았다. 그리스도의 탄생이 두려워 베들레헴에 있는 두 살 이하 유아를 모조리 죽였다고 전해진다.
3   예수 그리스도가 십자가를 지고 골고다 언덕을 오를 때 머리에 썼던 가시 면류관이 이 호랑가시나무 가지로 만든 것이라고 한다.
4   로마의 게르마니아 정복부터 스칸디나비아의 기독교화 시기, 그리고 바이킹 시대에 이르기까지 게르만 민족에게 널리 숭배받은 천둥의 신. 수염과 머리카락이 붉고 눈매가 사나우며 망치를 들고 다닌다. 영어 목요일(Thursday)의 어원이다.

인내, 비애,
은총, 질투

히아신스

HYACINTH

그리스 신화에 등장하는 청년 히아킨토스는 매우 아름다워 님프 아르기오페Argiope뿐만 아니라 빛의 신이자 예술의 신인 아폴론, 서풍의 신 제피로스까지 사로잡았다. 어느 날 저녁, 원반던지기를 하던 히아킨토스는 질투심에 사로잡힌 제피로스 때문에 치명적인 상처를 입는다. 아폴론은 하데스가 연인의 시신을 가져가도록 두지 않고, 그의 피에서 꽃 한 송이가 피어나게 했다. 이 때문에 학명 *히아킨투스*Hyacinthus, 즉 히아신스의 꽃잎에는 탄식이 서려 있다고 전해진다. 한편 히아킨토스의 무덤은 스파르타Sparta[1] 인근 아미클라이Amyclae[2]에 있다. 또 다른 전설에 따르면 히아신스 꽃잎에서 아이아스Ajax[3] 이름의 첫 두 글자를 볼 수 있다고 한다. 친구 아킬레우스Achillus[4]의 무기를 잃고 분노로 하루하루를 보내다 생을 끝낸 이 그리스 영웅은 히아신스로 다시 태어났다고 전해진다.[5] 히아신스는 색깔에 따라 서로 다른 말을 전한다. 파란

---

1. 고대 그리스의 도리아인이 펠로폰네소스반도 중부 라코니아 지방에 세운 도시 국가. BC 5세기에 펠로폰네소스 전쟁에서 아테네를 격파하고 그리스의 패권을 잡았으나 점차 쇠퇴해 BC 146년 로마에 패해 멸망했다.
2. 고대 라코니아의 도시로 숲이 우거지고 비옥한 지역이다. 그리스 영웅시대에 펠로폰네소스에서 가장 유명한 도시 중 하나였으며 아폴론의 신전이 있다.
3. 그리스 신화에 등장하는 트로이 전쟁의 영웅. 살라미스의 왕으로 텔라몬의 아들이다. 아킬레우스의 투구가 오디세우스에게 전해지는 모습을 보고 분해서 스스로 목숨을 끊었다고 한다. 아약스라고도 한다.
4. 그리스 신화에 나오는 영웅으로 트로이 전쟁 때 활약했다. 갓난아기 때 저승의 스틱스강에 몸이 담겨 불사신이 되었으나 손아귀에 잡혀 물이 닿지 않은 발꿈치가 약점이 되었다. 트로이 왕자 파리스가 쏜 화살을 발꿈치에 맞고 쓰러졌다. 영어로는 '아킬레스'라고 부르며, 아킬레스건이 여기에서 유래했다.
5. 파리스의 화살에 맞아 죽은 아킬레우스의 시신을 탈취하려는 트로이군을 아이아스와 오디세우스가 함께 물리친다. 아킬레우스의 시신을 그리스군 진영으로 운반해 오자 시신을 지킨 공로가 가장 큰 사람에게 망자의 유물을 주는 관례에 따라 아킬레우스의 무기와 갑옷을 두고 둘이 경쟁한다. 하지만 오디세우스가 이를 차지하자 분을 삭이지 못한 아이아스는 한밤중에 그리스군 장수를 모두 죽이려고 한다. 이를 눈치챈 아테네 여신이 그에게 광기를 불어넣자, 아이아스는 양 떼를 도륙한다. 아침이 되어 정신을 차린 아이아스는 자신의 행동을 부끄러이 여겨 자결한다. 아이아스의 피가 땅에 스며들자, 그 자리에서 히아신스 꽃이 피어났는데 꽃잎에 A와 I 두 글자가 그려져 있었다고 한다.

색은 변하지 않는 마음을, 보라색은 슬픔을, 빨간색과 장밋빛은 기쁜 마음을, 흰색은 은총을, 노란색은 질투를 의미한다. 이러한 다채로운 색채와 독특한 향기 덕분에 히아신스는 봄을 상징하는 구근식물[6]로 손꼽힌다.

---

[6] 알뿌리가 있는 식물을 통틀어 이르는 말이다. 튤립, 글라디올러스 등이 있다.

이미지 판권

Agathe Boissonnot 92p, 148p *리터칭 후 사용.

bauhaus1000 14p, 26p, 46p, 62p, 64p, 70p, 84p, 140p, 148p, 172p

clu 78p

duncan 18p 90p 42p, 156p, 159p

Ilbusca 44p, 50p, 53p, 62p, 78p, 122p, 126p, 136p

Inna Sinano 138p

iStock 10p

ivan-96 58p, 86p, 96p, 162p, 180p

L Feddes 28p, 74p, 80p, 124p, 142p, 160p

mashuk 60p, 72p, 90p, 93p, 116p, 150p

Nastasic 100p, 132p

NSA Digital Archive 17p, 18p, 22p, 24p, 30p, 32p, 38p, 41p, 48p, 58p, 62p, 88p, 94p, 98p, 108p, 112p, 114p, 128p, 131p, 134p, 145p, 146p, 152p, 154p, 166p, 167p, 170p, 174p, 184p, 186p, 189p

RockingStock 176p

Svetlana Kuzmina 66p

The Nature Notes 182p

THEPALMER 82p

ZU_09 5p, 7p, 13p, 20p, 54p, 57p, 110p, 164p

옮긴이 박경리

프랑스 누벨 소르본 대학교에서 비교문학으로 석사 학위를 받았다. 출판 편집자로 일했다. 번역한 책으로 〈프리다, 스타일 아이콘〉, 〈여름의 겨울〉, 〈과일 길들이기의 역사〉, 〈헬게이트〉, 〈유럽, 소설에 빠지다〉(공역) 등이 있다.

꽃의 말

초판 1쇄 발행 2025년 10월 30일

지은이 나탈리 샤인
옮긴이 박경리

펴낸곳 브.레드
책임편집 이나래
편집 김태정
교정교열 최현미
디자인 아트퍼블리케이션 디자인 고흐
인쇄 (주)상지사 피앤비

출판 신고 2017년 6월 8일 제2023-000083호
주소 서울시 중구 퇴계로41길 39 703호
전화 02-6242-9516
팩스 02-6280-9517
이메일 breadbook.info@gmail.com

ISBN 979-11-90920-56-8 03900
값 25,000원